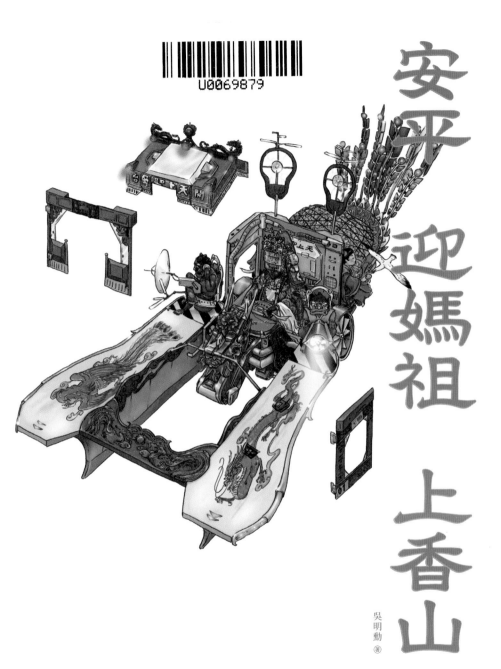

安平迎媽祖 上香山

吳明勳 著

目錄

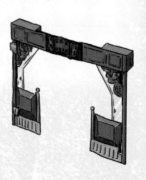

市長序

閱讀文資風采，領略古都魅力

　　臺灣位於東亞島弧上的特殊地理位置，自大航海時代以來一直是多元文化匯集交流之處。臺南作為臺灣最早開發的城市，在各方族群相會、共融下，蘊養出豐富多樣的文化資產。這些承載先人知識、記憶與技術的果實，是屬於全民的珍貴瑰寶，也是古都獨特魅力之所在。

　　臺南市政府自 2014 年開始推出「大臺南文化資產叢書」系列，邀請專業地方文史工作者，以深入淺出的書寫形式，呈現在地文化資產的精采內涵，迄今十年卓然有成。第十輯大臺南文化資產叢書，兼及古蹟建築與傳統民俗，百年古剎大仙寺與新營太子宮，為白河及新營地區居民重要的信仰中心，各時代的修復歷程反映宗教建築藝術在臺灣的發展特色。全臺各地長達一個半月的太子爺生祭典共同匯聚在新營太子宮，形成壯觀

熱鬧的進香潮。戰後復振的安平迎媽祖上香山祭典，是沿海地區居民重新凝聚生活信仰與文化認同的努力。大內頭社太祖夜祭保存珍貴的西拉雅傳統，細膩的儀式流程呈現頭社部落獨特的信仰文化。透過本輯叢書介紹，市民大眾得以認識大臺南地區有形與無形文化資產，體認傳統文化保存的重要價值，為未來世代的傳承延續播下種子。

　　一座城市的偉大，不僅著眼於硬體建設、生活措施的健全完備，更需紮根在深厚的文化基底上。臺南豐富的多元文化遺緒，是城市四百年歷史發展的重要養分，期待在市府持續努力與專家學者的研究協助下，「大臺南文化資產叢書」能將臺南的多樣面貌介紹予更多讀者，讓大家一同見證這座城市的迷人風采。

臺南市市長　黃偉哲

書寫文化資產，傳續臺南故事

　　臺南作為多元族群匯聚之地，這片土地上不同人群及其文化的互動與交流，在這座城市積累成豐厚的文化底蘊，更使臺南成為臺灣文化資產的保存重鎮。十年前，大臺南文化資產叢書第一輯問世，我們期望透過此書系的開展，將臺南文化資產的豐厚內涵與調查研究成果，轉譯成更適合大眾閱讀的讀本，向每一位讀者訴說，這些錯落在你我日常生活中的文化資產，如何承載臺南這座城市的歷史變遷，以及不同時代臺南市民的生活記憶。

　　大臺南文化資產叢書即將邁入第十輯，主題含括「大內頭社太祖夜祭」、「安平迎媽祖上香山」、「新營太子宮太子爺生祭典」等三項市定民俗，以及「大仙寺」一處市定古蹟，呈現不同宗教信仰在臺南這片土地上的多元面貌及發展特色。

大內頭社是西拉雅族大武壠社舊地，太祖夜祭則是少數保留下來的西拉雅夜祭活動之一，嚴謹細膩的祭儀呈現出西拉雅的文化特色；安平地區四年一科的「安平迎媽祖上香山」，儀式有別於臺灣其他媽祖廟的遙祭湄洲祖廟（上香山），凸顯濱海地區特殊的信仰形塑；新營太子宮是臺灣太子爺信仰重鎮，素有「全臺太子爺總廟」美稱，每年農曆八月起長達1個半月的「太子爺生」進香期，尤為民俗盛事。立寺近三百年的白河大仙寺，歷次建築修復反映出臺灣宗教建築在不同時代的演變，並保留珍貴的潘麗水、李漢卿藝師傳統彩繪作品。

　　我們期待持續書寫與出版大臺南文化資產叢書，為臺南這座城市留下珍貴的紀錄，也提供每位熱愛臺南這座城市的朋友，一個深度探索各項精采文化資產的管道，一同認識臺南在地的故事與記憶。

臺南市政府文化局局長

踏訪街市山林，記錄文資瑰玉

　　本輯大臺南文化資產叢書介紹「大仙寺」、「新營太子宮太子爺生祭典」、「大內頭社太祖夜祭」、「安平迎媽祖上香山」等古蹟建築與民俗祭典，為讀者呈現原住民和漢人宗教信仰在不同區域的發展與特色。

　　白河大仙寺創建於清康熙年間，歷經清、日、國民政府時期重建、修葺，加之信仰交流的影響，形成今日具時代性與跨文化的宗教建築特質。作者林怡君以精湛文筆，細述一方名剎多彩豐富的建構細節，以及藏諸其間的名匠工藝。

　　新營太子宮同時擁有市定古蹟與市定民俗兩項有形和無形文化資產身分，長達一個半月的全臺太子爺季進香活動即以新營太子宮為共同匯聚點。許獻平長期投入地方文史研究工作，鉅細靡遺梳理新營太子宮的創建發展，對太子爺生祭典儀式也

有許多精采的現場紀錄。

　　大內頭社曾是荷西時期大武壠社的故地，頭社太祖夜祭是西拉雅文化重要活動之一，2008年登錄為市定民俗。段洪坤從西拉雅族裔的身分出發，深度尋訪族群耆老，採集地方記憶，並細膩描繪祭典流程，帶領讀者深入認識西拉雅的文化內涵。

　　安平迎媽祖上香山始於清代，日治時期曾經中斷，復於戰後重新發起、擴大，是地方儀典文化復振的一則範例。「迎媽祖」是臺灣媽祖信仰文化中最盛大、最受矚目的祭典活動，吳明勳透過在地口訪與文獻史料的蒐羅整理，完整呈現安平迎媽祖有別於其他區域的地方信仰特色。

　　「大臺南文化資產叢書」系列迄今邁入第十年，文資處感謝歷年來參與研究、撰寫的每位作者，與我們一起耕耘這片文化基礎園地。第十輯叢書付梓，是所有關心臺南文化資產的朋友共同努力的成果，也是文資處持續文化傳承工作的助力，讓在地文化資產的珍貴價值為更多讀者朋友所看見。

臺南市文化資產管理處處長　林喬俐

紀錄與宣揚

　　西元1661年鄭成功將湄洲媽祖帶來了安平，媽祖信仰開始於安平落地生根，浸入每一代人的骨髓，成為世世代代安平人心中最崇敬的信仰。歷經360餘年的歲月，安平開臺天后宮已不僅僅是安平的公廟，更是聞名遐邇的媽祖信仰中心。

　　每個地方的民俗都是其獨特而不可取代標誌，做為安平最熱鬧、規模最大的民俗活動，安平迎媽祖當然也是如此，遠在清領時期，濱海彈丸之地的安平，當時迎媽祖的民俗，就有成千上萬人前來觀看的盛況。日治時期由於安平媽祖廟遭受兵禍之災，廟堂被佔用，神尊被迫寄於安平角頭廟中，迎媽祖的習俗也被迫停止，直至戰後才又陸續恢復舉行，在所有安平人的努力下，不但重建了天后宮，使媽祖不再寄人籬下，迎媽祖規模逐漸越來越盛大，並在2015年獲得臺南市政府，以「安平迎

媽祖上香山」之名，登錄為臺南市無形文化資產，成為臺南市的市定民俗。

　　民俗是人類最樸實的生活文化，隨著生活方式的改變，「安平迎媽祖上香山」這個民俗也有所變化，不變的是安平媽返鄉省親謁祖，所體現的孝道精神。在面對不可擋的改變中，以文字、影像記錄這過去、現在所知的情況，一直是我努力的方向，在2014年時，便以〈上香山-安平迎媽祖〉為題，於《臺南文獻》第5期中，發表一篇介紹安平迎媽祖文章，讓更多人知道並且能夠來認識安平迎媽祖。此次非常感謝臺南市文化資產管理處與黃文博校長邀約撰寫《安平迎媽祖上香山》一書，也要感謝安平開臺天后宮主委盧友禮、總幹事林國明、常務監察委員黃鏡月，還有已故前安平觀音亭主委吳高明月，於我田調期間的幫忙協助，謹在此向大家致上最誠摯的謝意。

　　本書主稿完成於2019年10月，當時文稿主要是紀錄到2018年的安平迎媽祖，待文資處通知本書即將印刷出版時，安平天后宮又已於2022年4月，舉行了一次迎媽祖活動，故2022年6月時，筆者又針對本書做了一次文稿增修，呈現祭典最新近況，期望更多人了解安平媽祖的信仰文化，並達到宣揚推廣《安平迎媽祖上香山》這項文化資產之目的。

1

前言

　　「媽祖」是臺灣民間家喻戶曉的神明，其信仰更是遍佈全臺各地，「三月瘋媽祖」簡單的一句俗諺，道出了每年農曆 3 月媽祖聖誕時，臺灣各地處處競相舉行迎媽祖繞境與相關的慶典活動，盛況幾乎到達瘋狂的地步。而這些因媽祖信仰產生的民俗，被各地政府依據《文化資產保存法》登錄為文化資產者，更多達 20 餘個，可見媽祖信仰文化在臺灣的影響力與重要性。

　　臺灣的媽祖信仰活動中，以「迎媽祖」（也就是媽祖出巡繞境）最受人矚目。諸如「大甲媽祖繞境進香」、「白沙屯媽祖進香」等，都是臺灣中部較為盛大的顯例。隨著媒體普及，受到報紙、電視、網路關注，規模也越來越盛大，逐漸成為全臺知名的「迎媽祖」活動。「進香」或寫作「晉香」，這是一種較為概括性的用語，在臺灣民間信仰儀式中，包括「謁祖」、「過

→ 圖01-01-01　媽祖是臺灣民間家喻戶曉的神明。（安平開臺天后宮提供）

爐」、「刈火」、「領兵」、「招軍」……等不同內容，常被「進香」
一詞籠統概括。此外，廟與廟之間即使有「進香」的關係，不
一定就有分靈的關係。例如白沙屯媽祖往北港朝天宮進香，還
有許多非「李、池、吳、朱、范」姓氏的王爺，往南鯤鯓代天

府進香，這些例子都說明了兩廟彼此間無分靈關係，而是藉著前往這些香火鼎盛的廟宇，進行「進香」或「會香」儀式，祈望神明也能夠一樣神威顯赫、香火鼎盛。

包括「大甲媽祖繞境進香」、「白沙屯媽祖進香」在內，大部份臺灣媽祖廟舉辦的進香活動，都是以到某「廟」進香為主。而位於臺南市安平區的「安平開臺天后宮」，為《臺灣府志》最早記載的媽祖廟之一，其歷史之悠久自不待言而諭。據安平故老相傳，安平開臺天后宮媽祖源自湄洲，故需往湄洲進香。因往來交通不便，於是形成至海邊祭湄洲祖廟，迎媽祖回鑾的特色進香祭典，全名為「安平開臺天后宮開臺天上聖母湄洲晉香回鑾繞境」，現今每逢寅、午、戌年4年舉行一次。

2015年臺南市政府〈府文資處字第1040644784B號〉公告，以「安平迎媽祖上香山」之名，將安平迎媽祖祭典登錄為市定民俗，其登錄理由為：（1）傳統性：始於清領時期，歷史已久，係安平重要信仰活動；安平十角頭社全員參與，與安平當地居民生活密不可分。（2）地方性：遙祭湄洲祖廟（上香山）之儀式為

→ 圖 01-01-02　臺中市大里杙福興宮往安平開臺天后宮參香。

→ 圖01-01-03　安平迎媽祖歷史悠久聞名遐邇。

文化資產登錄證書

府文資處字第1040644784B 號

依據文化資產保存法第59條登錄

安平迎媽祖上香山

為臺南市民俗及有關文物

開台天后宮 為保存團體

臺南市市長

賴清德

中華民國

Cultural Heritage Registration Certificate

In accordance with Article 59 of the Cultural Heritage
Preservation Act, *the ancestor-worshipping ritual in
Anping where Matsu is sent back home to China and
welcomed back on the same day* is hereby designated
as a city-level traditional folk event in Tainan City.
Anping Great Queen of Heaven Temple is registered
as the preservation group.

Mayor Lai Ching-te
Tainan City Government

Lai, Ching-Te

→ 圖 01-01-04　安平迎媽祖上香山文化資產登錄證書。

其他媽祖廟少見，具在地特色。香山設於三鯤鯓海邊，主要儀式為「法爺團」唸咒、誦經，恭送媽祖回湄洲祖廟省親進香，並於科儀完畢後，於海邊布兵旗處跪迎媽祖回駕。(3)文化性：迎媽祖前3天之城隍廟「八班夜巡」、三鯤鯓海邊之「香山」祭典地、迎媽祖之頭旗「布兵旗」、插於媽祖頭上之「御賜鳳釵」及香窟（海灘所挖掘，作為燒金燒香之地）皆具文化性。

　　本書從安平開臺天后宮沿革談起，再從文獻與地方耆老訪談資料，來看安平迎媽祖上香山的歷史與變化，還有近十餘年來筆者的觀察紀錄，期盼能讓更多人瞭解「安平迎媽祖上香山」的民俗文化特色。

第二章

歷史悠久的安平開臺天后宮

　　安平開臺天后宮位於臺南市安平區國勝路33號，是安平地區的「大廟」，也就是最主要的信仰中心，與「安平觀音亭」、「安平城隍廟」、「安平大眾廟」並稱「安平四大公廟」，轄境涵蓋安平全境十角頭社。[1]安平開臺天后宮正殿主祀天上聖母、開臺延平郡王，陪祀四海龍王、五位水仙尊王，左廂元辰殿祀斗姥元君與六十位太歲星君，右廂將軍殿則祀兩位石將軍與文昌帝君，右廂二樓並設有五斗星君殿，供信眾寄奉斗燈。

1　安平十角頭是指十二宮社、港仔尾社、囝仔宮社、灰磘尾社、王城西社、海頭社、三鯤鯓社、華平社、上鯤鯓社、億載社。

第一節　歷史沿革

　　安平開臺天后宮可說是臺灣史書文獻記載上，最早的媽祖廟之一。臺灣最早的史志清康熙25年（1686）的《福建通志》與清康熙26年（1687）《臺灣府志》中，記載著「天妃宮，在縣治安平渡口」、[2]「臺灣府渡，在安平天妃宮口」，[3]雖然並無明確記載天妃宮建廟年代，但保守估計安平開臺天后宮於康熙25年（1686）時已建立，當時清朝統治臺灣未滿3年，故有些學者認為安平媽祖廟可能在明鄭時期即已建立。

　　臺南市政府於民國100年（2011）3月，於原天妃宮遺址處所立之原天妃宮遺址簡介碑載：

　　安平開臺天后宮的前沿，即清代「福建通志」、臺灣知府蔣毓英「臺灣府志」、陳文達「臺灣縣志」，所載的天妃宮。媽祖因助鄭成功帶軍平臺有功，備受官兵及安平百姓尊崇，於明鄭時期（西元一六六八年）建廟。民國八年（西元一九一九年）日人相良吉哉所編「臺南州祠廟名鑑」記載可資佐證。廟

2　金鋐，《康熙福建通志臺灣府》（臺北：行政院文化建設委員會，2004），頁62。
3　蔣毓英，《臺灣府志》（臺北：行政院文化建設委員會，2004），頁211。

➔ 圖 02-01-01　安平開臺天后宮是臺灣最早的媽祖廟之一。

➔ 圖 02-01-02　現今石門國小原安平天妃宮遺址。

址在鳳山縣安平鎮渡口，今石門國小校內（本遺址），占地有三、四百坪。當時是以官廟地位受祀，香火鼎盛，距今日已閱三百多年，在臺灣為歷史最久的大座媽祖廟。光緒二十一年臺灣割日時，慘遭世變，血染廟堂，以至廢墮，神像被迫分祀安平六角頭。直至民國五十一年五月份（西元一九六二年），重建開臺天后宮，奉請分祀之三尊媽祖入廟安座，重享安平人間香火。廟宇建醮熱鬧慶祝並繞境祈福，民眾湧現爭相參觀，為安平百年難得一見之盛事。安平開臺天后宮，現址位於國勝路三十三號，安平古堡前綠園南邊土地。

一、開臺媽祖來源

安平故老相傳，安平媽祖為明永曆15年（1661），鄭成功來臺時由湄洲迎奉而來，有「開臺媽祖」之稱，初因時局動盪，只好擇地臨時簡祀，至明永曆22年（1668，康熙7年），方於安平渡口處建天妃宮奉祀。[4]

《安平開臺天后宮誌》書中對於媽祖神像來源載：「明永曆十五年正月間，鄭成功與諸將謀繼續抗清，擬攻占臺灣以為基地。三月初十日鄭成功自料羅灣出師之前，先向媽祖降生地福

4　原廟址即今「石門國小」，民國100年（2011）3月，臺南市政府特於該處立碑紀念。

← 圖 02-01-03　安平開臺天后宮天上聖母。
↙ 圖 02-01-04　安平天后宮廟內祀有延平郡王鄭成功。

建莆田湄洲嶼恭迎媽祖寶像（軟身的）三尊，作為護軍之神，及至四月一日黎明，鄭王舟師抵至鹿耳門外沙線。其實鹿耳門甚淺，水底多暗礁，舟觸立碎，故荷蘭人不甚防備。然，鄭王舟師抵達之時，承媽祖神庇，忽水漲數尺，使大小戰船得以順利入臺江，荷人驚為自天降下。後來荷蘭長官揆一，自知不敵，獻城投降。」。[5]

　　此安平媽祖為鄭成功迎奉來臺的說法，在日治時期明治30年（1897），安平六社鄉長聯呈臺南縣知事磯貝靜藏〈請求安平天后宮給還書〉中則云：「安平天后聖母，昔自開山王國姓公隨帶平臺有功，因而配歸安平六社及街舖掌管創建廟宇」。[6]而在日治大正年間的《臺南市寺廟臺帳》，與日治昭和8年（1933）八相良吉哉所編之《臺南祠廟名鑑》中，亦載此說：「本廟（祭神）原本是在鄭成功渡臺的時候，從徽州奉請來的。康熙七年創立，被稱為『開臺之祖』。由於鄭成功對其信仰很深，全臺人民因對此信仰虔誠。就如北港、臺南的媽祖一樣，供奉在天后宮，並取其香灰回家祭祀。」。[7]

5　林勇，《安平開臺天后宮誌》（臺南：安平開臺天后宮管理委員會，2007），頁18。
6　林勇，《安平開臺天后宮誌》，頁20。
7　臺南市寺廟臺帳，安平天后宮條，建廟緣起。相良吉哉，《臺南州祠廟名鑑》，臺灣日日新報社臺南支局，昭和8年1933，頁21。

因臺語「徽」與「湄」發音近似，故上文之「徽州」為「湄洲」之誤寫，今安平開臺天后宮廟方與臺南市政府，皆引用此記載，以清康熙7年（明永曆22年，1668年），做為安平開臺天后宮建廟年代。

如從神尊大小而論，安平開基媽祖有別於其他媽祖廟常見之小尊「船仔媽」，而是如真人大小之軟身媽祖。在當時，如非大富官宦之家船艦，實難從福建迎奉來臺，故確有鄭成功迎奉而來之可能。由於安平開臺天后宮媽祖與鄭成功有此因緣，故安平民間便留下了「小孩出生欲拜開臺媽祖為契母（義母），以祈求能平安成長者，須請開臺延平郡王鄭成功作保」的習俗。

當初安平故老相傳，鄭成功所迎請來安平的三尊媽祖為湄洲祖廟媽祖，清領臺灣後，湄洲祖廟派人前來欲迎神像回湄洲，安平人為保有正身媽祖，故意出題刁難來人，要求以瓷碗為桮，並卜百桮以定神意。湄洲代表即依約擲桮，竟連得百桮，安平人見狀乃誘稱前約只限大媽，眼睜睜看著大媽被請下座。來人在無可奈何之下，繼續擲桮請示二媽的去留之意，結果亦連得百桮。直到請示三媽時出現了奇蹟，來人在連得99桮之後，最後一桮竟由地上直飛而起，插在中樑的正中。擲筊桮事後，湄洲祖廟代表見安平信徒虔奉媽祖至誠，乃稍作讓步同意將三媽正身留下。後來安平人又添增了二尊媽祖供奉，而鄭

→ 圖02-01-05　安平開臺天后宮如真人
大小之軟身媽祖。

成功請來的三媽升格為大媽，新妝塑的二尊媽祖分稱二媽、三媽。[8]

二、「與天同功」匾

　　安平媽祖廟（安平天妃宮）於清康熙25年（1686）的《福建通志》與清康熙26年（1687）《臺灣府志》中即有記載，但此後的官方志書中即不再見其相關文字，直至光緒年間《安平縣雜記》才又得見。林勇所著的《安平開臺天后宮誌》中，認為此當因安平天妃宮為鄭氏所建之故，直到同治13年（1874）沈葆禎上奏為鄭成功平反，光緒元年（1875）1月10日，朝廷准奏並建延平郡王祠祭祀鄭成功後，安平媽祖廟地位才再度受到重視。[9]

　　光緒元年（1875）7月21日，沈葆禎因牡丹社事件前來治理臺務，興建二鯤鯓砲臺等，曾因得海神助順，上奏為安平海神請封立廟，其〈安平海神請加封號摺〉[10]如下：

8　林勇，《安平開臺天后宮誌》，頁43-44。

9　林勇，《安平開臺天后宮誌》，頁35-37。。

10　中國第一歷史檔案館等合編，《清代媽祖檔案史料匯編》（北京：中國檔案出版社，2003），頁364-366。

奏為海神助順，請敕加封號，專建祠宇，以答靈貺，而順與情，恭摺詳陳，仰祈聖鑒示。

臺灣府城之西十餘里，其海口曰安平，每年自四月起至九月止，西南風司令，巨浪拍天，驚濤動地。數十里外，聲如雷震隱隱，晝夜不息，遇海雨狂飛，勢尤洶湧，所以本地商舶，一交夏令即避往他處，小船巨艦斷絕往來。上年臣葆楨於五月東渡，即派各輪船分投運載軍裝、炮械、糧餉、兵勇，克日到臺，來去梭織，皆由安平登岸，後復於三鯤鯓口岸建造炮臺，[11]所有木石、磚甓、器具皆由內地而來，亦無非卸載該處，往往連日波浪奔騰，忘洋興嘆。及各船抵口，湧勢漸平，停卸開駛，輒獲安穩。有時風雨交作，遇有要務派船出港，立即風靜波平，居民船戶咸額手相慶，謂為向來所未有，實有神助，應請奏懇加封立廟，以答垂庥等因。

臣凱泰、臣葆楨躬履其地，見聞較確，扶查江海正神，確能功德及民，例得奏請廟祀，今安平海神肸蠁潛孚，帆檣穩便，足見國家咸靈所及，海若效靈，而神之盛德豐功，亦宜上邀襃寵，合無仰懇天恩，準於安平建海神廟一區，敕加封號，編入祀典，以答靈貺，而順與情，謹合詞恭摺具陳，伏乞皇太后、

---

11 實為二鯤鯓砲臺，今之安平億載金城。

→ 圖02-01-06　今日臺南赤嵌樓為昔日之海神廟。

皇上聖鑒訓示尊行。再，此摺系臣葆楨主稿，合併聲明，謹奏。

　　關於沈葆楨上奏為安平海神請加封號、立廟之事，《清代媽祖檔案史料匯編》一書，在〈清代媽祖檔案史料初讀札記〉章節中，認為此海神即是媽祖，光緒元年加封海神封號「敷仁」正是給安平媽祖的。[12] 而徐曉望在《媽祖信仰研究》書中認為：

12　中國第一歷史檔案館等合編，《清代媽祖檔案史料匯編》，頁430。

「海神是海洋之神的統稱，並沒有落在某個神靈之上，有些地方稱龍王為海神，所謂海神，就是指龍王。所以蘇澳及安平所建海神廟，大半也是龍王廟。不過，按照臺灣的習俗，最高的海神還是媽祖，所以建立海神廟，一般伴有媽祖廟，或者在後殿供奉媽祖。」[13]實際上加封海神封號「敷仁」，是在沈葆楨上奏為安平海神請封立廟之前，再者最後海神廟並無興建於安平，而是興建於府城內，也就是現今的「赤嵌樓」。

雖然沈葆楨上奏為安平海神請封立廟之事實際上與安平媽祖廟無關，但由於沈葆楨於理臺期間對鄭成功的平反，使安平媽祖廟地位得以提高，故當光緒7年（1881)10月15日，朝廷聖意表示：「臺灣各屬天后廟素著靈驗，本年六月暨潤七月間，臺灣沿海地方迭遭颶風狂雨，勢甚危急，經官紳等詣廟虔禱，風雨頓止，居民田廬不致大有傷損，實深寅感，著南書房翰林公書匾額一方，交何璟等祗領敬謹掛，以答神庥。」[14]當時官員奉旨懸掛御匾於臺灣各大媽祖廟中，安平媽祖廟亦獲此殊榮，此匾即為「與天同功」御匾，這也是安平媽祖廟唯一的清帝御匾。後此匾於日治時期丟失，今匾為災後重建時重作。

13　徐曉望，《媽祖信仰研究》（福州：海風出版社，2007），頁255。

14　中國第一歷史檔案館等合編，《清代媽祖檔案史料匯編》，頁392。

→ 圖02-01-07　安平開臺天后宮廟內之「與天同功」匾。

三、聖廟遞變與重建

　　1894年甲午戰爭，清朝敗於日本因而簽訂「馬關條約」，將臺灣割讓給日本，隔年（1895）日本入臺接收統治，遭受臺灣人與部份滯臺清軍抵抗，各地發生數起抗日戰鬥，史稱「乙未戰爭」。當時日軍於安平天后宮內屠殺清軍兵勇56人，並埋屍於廟後，致使廟中香火不如以往鼎盛，廟宇也於明治30年

（1897）被日軍充當憲兵宿舍，明治33年（1900）做為安平公
學校（今石門國小）學堂，最後廟堂被拆，神像則被分祀於安
平其他廟宇之中。[15]

15　當時神像分祀以抽鬮決定，大媽與宮娥、觀音祀於海頭社廣濟宮；二媽與千里、
　　順風二將軍先祀於十二宮社三靈殿，後因廟宇狹窄改祀於港仔尾社靈濟殿中；三
　　媽初祀王城西社西龍殿，後改祀囝仔宮社妙壽宮；開臺延平郡王初寄祀於港仔尾
　　社靈濟殿中，後移祀觀音亭。

日治時期，安平地方人士多次向日本政府陳情，盼能撥地重建天后宮，惜皆無法如願。直至民國50年（1961），向臺南市政府提出於安平古堡前，原水師衙門土地重建安平媽祖廟（今址），始獲同意，展開重建工程。今廟中立有〈開臺天后宮重建緣由〉碑誌，記載如下：

　　本開臺天后宮緣於民國五十年（歲次壬寅），初經聖母擇址安平古堡前綠園南側，作為重建廟宇聖地，由市議員李銅向政府極力爭取此地，經辛市長文炳核准，由地方父老組織管理委員會，同年五月二十三日午時請辛市長文炳、蔡議長丁贊，率領地方父老舉行動土典禮，辛市長文炳動土奠基，隨即由管理委員會專主進行重建之責。

　　為便利全臺各地善男信女叩拜起見，先建臨時宮於本殿南側，同年農曆八月二十日，將分祀五十多年之三尊開臺天上聖母，終於再次合祀一堂供世人朝拜，保佑國泰民安、風調雨順、全臺平安。

　　民國五十五年仲春（歲次丙午年），本宮神龕已完成，是年農曆三月二十二日午夜，邀請葉市長廷珪啟開廟門，將三尊開臺天上聖母，由臨時殿移祀本宮鎮座。

　　民國六十二年（歲次癸丑年）正月二十五日卯時，邀請辛

立委文炳、張市長麗堂昇掛「開臺天后宮」聖旨匾（廟匾）。

　　前後歷經四屆委員會竭力營建，至民國六十四年（歲次己卯年）第四屆管理委員會，季春，廟室鐘鼓樓等全部竣工，現在廟貌也，民國六十五年（歲次丙辰年）三月，舉行落成建醮祈安大典。

　　易地重建後的安平開臺天后宮，香火鼎盛、四方來朝，逐漸成為臺灣著名媽祖與開臺延平郡王的進香聖地。民國79年（1990）農曆3月29日，媽祖聖誕後不久，安平開臺天后宮遭逢祝融之災，幸媽祖神像並未遭受太大損傷，但廟體內殿受災嚴重，於是進行了重建後最大規模的修建，廟中立有〈安平開臺天后宮修建碑記〉以記此事，其文如下：

　　本宮始建於延平郡王開臺之時，至今已逾三百餘載，為安平仕民信仰之象徵，其間歷經多次修建始有今日之規模。民國七十九年歲次庚午年季春三月二十九日凌晨不慎遭祝融降臨，正殿木雕結網、石壁龍柱等物均嚴重損燬，「天下為公」剝落成「天為」二字，而大、二、三媽三尊媽祖神像卻安然無恙，絲毫未損，安平仕民均嘖嘖稱奇，咸謂聖母恩德廣大靈應保佑所致。本宮管理委員會全体委員暨安平七角頭執事，乃商議籌

資修建，并公推何玉昆先生為修建委員會主任委員，領導經費籌募及修建工程之進行。

　　面對繁重之修建工作，全体修建委員除遍訪區內及各地士紳籌款外，並走遍中南部較具規模之新建廟宇，以為精益求精，提供之最好修建設備及裝飾之參考。旋奉聖母降旨諭示，以是年五月二十日午時，良辰吉日動土，經修建委員會全体委員奉獻心力，工程人員畫夜趕工，歷時二載有餘，於民國八十一年歲次壬申年正殿始告完竣，廟貌煥然一新，並於是年農曆十月廿三日安座繞境。媽祖及眾神祇乘神輿繞境，至大街小巷，歡聲騰起，仕民沿街膜拜，盛況空前。

　　此次除修建廟宇之工程外，同時興建地下一層，地上四（層）之香客大樓壹棟，美侖美奐之金爐壹座，廟前廣場三川門牌樓壹座，均使用青斗石彫刻，廟內牆壁襯貼紅寶石並彫媽祖歷史故事，兩傍走廊及前殿至步口，頂上結網重新彫刻、按金，以及三川門簷下步口兩邊石堵使用青斗石材全部更新外，人物堵、花瓶堵、中龕媽祖禪房壁堵蟠龍，及小龕水仙王禪座壁堵麒麟，以及小龕海龍王禪座壁堵鳳凰，用進口玉石彫刻，彫工細膩，堪稱畫棟彫樑之美。右廂房前半闢為二尊石將軍神房。全部工程於民國八十三年歲次甲戌年十一月完竣，廟貌宏偉、金壁輝煌，并於十一月十日舉行落成祈安建醮大典，熱鬧

安平開臺天后宮修建碑記

本宮始建於延平郡王開臺之時至今已逾三百餘載為安平仕民信仰之象徵其間歷經多次修建始有今日之規模。民國七十九年歲次庚午年季春三月廿九日凌晨不慎遭祝融降臨正殿木雕結網石壁龍柱等物均殿重損聖母上天為公剖茲成天為二字而大二三媽三尊媽祖神像卻安然無恙毫末損安平仕民均嘖嘖稱奇咸謂聖母恩廣大靈慈保佑所致。本宮管理委員會全体委員暨安平各角頭執事乃商議資修建并公推何玉昆調先生為修建委員會主任委員領導募修建工程之進行。面對紫重之修建全体委員除遍訪區內及各地士紳募鈞外走遍中南部歓其規模之新建廟宇以為精益求精提供最好之修建設備及裝飾之參考。旋奉聖母降旨諭示以迄年五月二十日午時良辰吉日動土經修建委員會全体委員奉献心力工程人員畫夜趕工歷時二載有餘於民國八十一年歲次壬申年正殿始完竣廟貌煥然一新亞於是年農曆十月廿三日安座時興建地下一層地上四之香客大樓豪美之金爐臺座廟前廣場三川門牌樓臺座均使用青斗石彫刻廟內牆壁襯貼歷史故事兩傍走廊及前殿至步口頂上結網重新彫刻按金以及三川門屬下步口兩傍石堵使用青斗石材全部更新外人物堵花瓶堵中龍媽祖禪房壁堵蟠龍及小龍水仙王禪座壁堵麒麟以及小龍海龍王禪座壁鳳鳳用進口玉石彫刻彫工細膩諏貌宏偉金碧輝煌冬於十一月十日舉行落成祈安建醮大典載開非凡安平仕民稱慶讚甫昔日開臺天后宮榮耀。回顧此次修建工作歷經四載有餘得告完成全体修建委員凡以其備嘗可謂辛苦備嘗功不可沒也而捐獻修建經費諸大德亦是功德圓滿特誌修建始末以供立碑紀念冀望家喜信將媽祖信仰宏揚光大以造禍高民大眾

→ 圖 02-01-08　安平開臺天后宮修建碑記。

→ 圖02-01-09　安平開臺天后宮今貌。

非凡，安平仕民稱慶咸讚，再顯昔日開臺天后宮榮耀。回顧此次修建工作，歷時四載有餘得告完成，全体修建委員可謂辛苦倍嚐、功不可沒也，而捐献修建經費諸大德亦是功德圓滿，特誌修建始末以供立碑紀念，冀望眾善信將媽祖信仰宏揚光大，以造福萬民大眾。

　　安平開臺天后宮至民國83年（1994）災後重修竣工以來，除了小部份的維修外，大致保存當時修建後之原貌，即是現今之廟貌。

第二節　主要祀神傳記

　　安平開臺天后宮主要分為正殿、元辰殿、將軍殿。正殿祀有天上聖母、開臺延平郡王、五位水仙尊王、四海龍王，元辰殿祀斗姥元君與六十位太歲星君，將軍殿則祀兩位石將軍與文昌帝君。其中天上聖母媽祖與開臺延平郡王，在臺灣民間信仰中有其重要地位，而兩位石將軍則是安平特有的文昌信仰。本章節特將其神源傳記略述於下，提供讀者更了解安平開臺天后宮的發展源流。

一、天上聖母（媽祖）

　　安平開臺天后宮主神「天上聖母」，亦稱「天后」，民間俗稱為「媽祖」或「媽祖婆」。目前記載有關媽祖的最早的文獻，是南宋廖鵬飛於紹興20年（1150）所寫的〈聖墩祖廟重建順濟廟記〉，其對媽祖的出生記載為：「世傳通天神女也。姓林氏，湄洲嶼人。初以巫祝為事，能預知人禍福。」這裡明言媽祖姓林，是湄洲島人，有預知禍福的神通。但亦有主張媽祖為湄洲島對岸今賢良港之人者；乾隆43年（1838）林清標所編之《敕封天后志》序文載：「天后乃標之本支，始祖唐邵州刺使諡忠烈諱蘊公之七世孫女也，高祖州牧圉公，曾祖保吉公，五代周

→ 圖 02-02-01　媽祖建隆元年生，姓林單名默。

時為統軍兵馬使，棄官隱于海濱賢良港，祖福建總管孚公，父都巡檢惟愨公，生男一，女六，后其第六女也。誕降時，港四面山巔傾秀，于今可見所窺之景，即港之麓，昇天則在海嶼湄洲也，前人敘文紀傳未經細考，故多差訛，茲就家乘而詳其實，目之曰志者，志其實也。」

林清標以世傳媽祖為其賢良港林家本支，故誕生於今賢良港，而於湄洲嶼昇天羽化為神，世人在著傳時未詳查，誤認媽祖為湄洲島人，至今媽祖是誕生於湄洲島還是賢良港仍未有定論，各有各的支持者。

民間對於媽祖的傳記與傳說大都來自《天妃顯聖錄》一書，其對媽祖的出生與生平，本傳中記載如下：

天妃，莆林氏女也。始祖唐林披公，生子九，俱賢。當憲宗時，九人各授州刺史，號九牧。林氏曾祖保吉公，乃邵州刺史蘊公六世孫州牧圉公子也，五代周顯德中為統軍兵馬使。時劉崇自立為北漢，周世宗命都點檢趙匡胤戰於高平山，保吉與有功焉。棄官而歸，隱於莆之湄洲嶼。子孚承襲世勛，為福建總管。孚子惟愨諱願，為都巡官，即妃父也。娶王氏，生男一，名洪毅，女六，妃其第六乳也。二人陰行善，樂施濟，敬祀觀音大士。父年四旬餘，每念一子單弱，朝夕焚香祝天，願得

➜ 圖02-02-02　莆田賢良港媽祖故居。

➜ 圖02-02-03　莆田湄洲媽祖祖廟。

哲胤為宗支慶。歲己未夏六月望日，齋戒慶贊大士，當空禱拜曰：「某夫婦兢兢自持，修德好施，非敢有妄求，惟冀上天鑒茲至誠，早錫佳兒，以光宗祧！」是夜王氏夢大士告之曰：「爾家世敦善行，上帝式佑。」乃出丸藥示之云：「服此當得慈濟之貺。」既寤，歆歆然如有所感，遂娠。二人私喜曰：「天必錫我賢嗣矣！」

越次年，宋太祖建隆元年庚申，三月二十三日方夕，見一道紅光從西北射室中，晶輝奪目，異香氳氳不散。俄而王氏腹震，即誕妃於寢室。里鄰咸以為異。父母大失所望，然因其生奇，甚愛之。自始生至彌月，不聞啼聲，因命名曰「默」。

幼而聰穎，不類諸女。甫八歲，從塾師訓讀，悉解文義。十歲餘，喜淨几焚香，誦經禮佛，旦暮未嘗少懈。婉孌季女，儼然窈窕儀型。十三歲時，有老道士玄通者往來其家，妃樂舍之。道士曰：「若具佛性，應得渡人正果。」乃授妃玄微秘法。妃受之，悉悟諸要典。十六歲，窺井得符，遂靈通變化，驅邪救世，屢顯神異。常駕雲飛渡大海，眾號曰「通賢靈女」。越十三載，道成，白日飛升；時宋雍熙四年丁亥秋九月重九日也。[16]

---

16 中國哲學書電子化計劃－天妃顯聖錄：https://ctext.org/wiki.pl?if=gb&chapter=614954，2019年6月20日檢索。

→ 圖02-02-04　賢良港相傳媽祖「窺井得符」的授符井。

　　《天妃顯聖錄》書中載，媽祖其曾祖保吉公時「棄官而歸，隱於莆之湄洲嶼」，傳至其父，取王氏為妻，於宋太祖建隆元年（960）3月23日誕下媽祖，媽祖「自始生至彌月，不聞啼聲，因命名曰『默』」，故媽祖姓「林」單名「默」字。媽祖林默自幼聰穎，13歲時得玄通道長受與道法，16歲時「窺井得符」神通大顯，常救漁民於海難，於是有「通賢靈女」的稱號，後於宋雍熙4年（987）9月9日重陽，在湄洲島登高得道升天。

有關於媽祖生前的神異傳說，《天妃顯聖錄》書中共載有觀井得符、機上救親、化草救商、菜甲天成、挂席泛槎、鐵馬渡江、禱雨濟民、降伏二神、龍王來朝、收伏晏公、靈符回生、伏高里鬼、奉旨鎖龍、斷橋觀風、收伏嘉應嘉佑、湄山飛升等，其中「降伏二神」與「湄山飛升」最為人知。

降伏二神即媽祖收伏千里眼與順風耳兩大護法的傳說，《天妃顯聖錄》書中載：「先是西北方金水之精，一聰而善聽，號『順風耳』，一明而善視，號『千里眼』。二人以金水生天，出沒西北為祟，村民苦之，求治於妃。妃乃雜跡於女流採摘中，十餘日方與之遇。彼誤認為民間女子，將近前，妃叱之，遽騰躍而去，一道火光如車輪飛越，不可方物。妃手中絲帕一拂，霾障蔽空，飛揚卷地。彼仍持鐵斧疾視。妃曰：『敢擲若斧手』？遂擲下，不可復起。因咋舌伏法。越兩載，復出為厲；幻生變態，乘濤騎沫，滾蕩於浮沉蕩漾之中，巫覡莫能治。妃曰：『江河湖海，水德攸鍾，彼乘旺相之鄉，須木土方可克之。』至次年五、六月間，絡繹問治於妃。乃演起神咒，林木震號，沙石飛揚。二神躲閃無門，遂拜伏願皈正教。時妃年二十三。」[17]

17　中國哲學書電子化計劃－天妃顯聖錄 https://ctext.org/wiki.pl?if=gb&chapter=614954，2019年6月20日檢索。

「湄山飛升」或曰「湄嶼飛升」，說的就是媽祖於農曆9月9日重陽飛升得道的故事，《天妃顯聖錄》書中載：「宋太宗雍熙四年丁亥，妃年二十九。秋九月八日，妃語家人曰：『心好清淨，塵寰所不樂居；明辰乃重陽日，適有登高之願，預告別期。』眾咸以為登臨遠眺，不知其將仙也。次晨焚香演經，偕諸姊以行，謂之曰：『今日欲登山遠游，以暢素懷，道門且長，諸姊不得同行，傷如之何！』諸人笑慰之曰：『游則游耳，此何足多慮。』妃遂徑上湄峰最高處，但見濃雲橫岫，白氣互天，恍聞空中絲管聲韻葉宮征，直徹鈞天之奏，乘風翼靄，油油然翔翔於蒼旻皎日間。眾咸欷駭驚嘆，祇見屋虹輝耀，從雲端透出重霄，遨游而上，懸碧落以徘徊，俯視人世，若隱若現。忽彩雲布合，不可復見。嗣後屢呈靈異，鄉之人或見諸山岩水洞之旁，或得之升降趺坐之際，常示夢顯聖，降福於民。里人畏之敬之，相率立祠祀焉，號曰「通賢靈女」。時僅落落數椽，而祈禱報賽，殆無虛日。」[18]

　　雖然《天妃顯聖錄》書中載，媽祖林默於宋雍熙4年（987）得道升天，但民間傳說中亦有理性者，認為媽祖林默因救度海

18　中國哲學書電子化計劃—天妃顯聖錄 https://ctext.org/wiki.pl?if=gb&chapter=614954，2019年6月20日檢索。

→ 圖 02-02-05　湄洲島媽祖升天古跡。

難而喪生於大海之中，不管真相如何，媽祖林默的生平受到眾人的尊崇，於是在湄洲島上建廟奉祀。逝後的林默，更在多處顯應救民，《天妃顯聖錄》書中載眾多顯聖事跡，計有顯夢闢地、禱神起碇、枯楂顯聖、銅爐溯流、朱衣著靈、聖泉救疫、托夢建廟、溫台剿寇、救旱進爵、甌閩救潦、平大奚寇、一家榮封、紫金山助戰、助擒周六四、錢塘助堤、拯興泉飢、火燒陳長五、怒濤濟溺、神助漕運、擁浪濟舟、藥救呂德、廣州救太監鄭和、舊港戮寇、夢示陳指揮全勝、助戰破蠻、東海護內

使張源、琉球救太監柴山、庇太監楊洪使諸番八國、托夢除奸、妝樓謝過、清朝助順加封、托夢護舟、湧泉給師、燈光引護舟人、澎湖神助得捷、琉球陰護冊使……等。

其中「朱衣著靈」一事，即是記載宋徽宗宣和4年（1122年），路允迪奉命出使高麗，海上遭遇船難，幸「見一神女現桅竿，朱衣端坐」而得以脫離船難。經保義郎李振告知此為神女林默，路允迪回朝後將此事上奏朝庭，宋徽宗特賜「順濟」廟額，這是媽祖林默受朝庭襃封之始，此後歷經宋、元、明、清，媽祖也因各種救災、助戰、護佑等聖蹟受到襃封，封號亦從「夫人」、「妃」、「天妃」直到「天后」，最後封號為「護國庇民妙靈昭應宏仁普濟福佑群生誠感咸孚顯神贊順垂慈篤祜安瀾利運澤覃海宇恬波宣惠道流衍慶靖洋錫祉恩周德溥衛漕保泰振武綏疆天后」，長達62字。

二、開臺延平郡王

開臺延平郡王即是抗荷開臺名將鄭成功。鄭成功本名鄭森，父鄭芝龍、母田川氏（日本人），明天啟4年（1624)7月14日誕生於日本平戶千里濱。相傳其母天川氏鄭於海濱拾貝時，於一塊大石旁產下鄭成功，今日本平戶千里濱處，尚留有該大石稱「兒誕石」，並立碑以記之。

鄭成功於6歲時才回到家鄉福建泉州安平，後被送往南京國子監求學。明崇禎十七年（1644）闖王李自成攻入燕京，明崇禎皇帝於煤山自縊殉國，隨後明山海關總兵吳三桂引清兵入關，擊敗李自成，滿清勢力逐漸南下，明朝遺臣於南京立福王朱由崧為帝，繼承明朝正統，翌年改元「弘光」。

→ 圖 02-02-06　鄭成功母子石雕像。

明弘光元年（1645）5月，清軍破南京城弘光帝被俘押往北京，翌年被處決。南京城破後，於是鄭芝龍、鄭鴻逵兄弟於福州擁戴唐王朱聿鍵稱帝，改元「隆武」繼續承繼明朝正統。隆武皇帝（唐王）非常欣賞鄭成功，於是封「忠孝伯」，賜姓「朱」與賜名「成功」，因「朱」為明朝國姓，故從此百姓又稱其為「國姓爺」。

後來鄭芝龍降清，鄭成功也因此與鄭芝龍絕裂，當清軍大

→ 圖02-02-07　鄭成功石雕像。

舉南下之時，隆武帝逃往江西，於汀州遭俘虜後絕食而亡，而鄭成功之母田川氏，也在清軍南下的戰役中自縊身亡。鄭成功只能避於金門島上，重新收編鄭芝龍舊部與反清勢力，並以「忠孝伯招討大將軍罪臣國姓」之旗號，招兵買馬集結反清勢力，後承認位於廣東的桂王朱由榔永曆政權為正統，並由永曆皇帝冊封為「延平王」。明永曆4年（1650），鄭成功取得廈門後，即以廈門、金門為根據地，繼續展開抗清大業。

鄭成功在抗清的戰役中有勝有敗，永曆13年（1659）鄭軍

→ 圖 02-02-08　今日的安平古堡是昔日熱蘭遮城之所在。

一路北上打到南京，但也在南京之役中損兵折將遭受大敗，退守回廈門、金門。永曆15年（1661），鄭成功接受曾在臺灣擔任荷蘭人通譯的何斌建議出兵臺灣，當時的臺灣是由荷蘭東印度公司所支配管理。同年4月30日（農曆4月2日），鄭軍經由鹿耳門進入臺江內海並於禾寮港登陸，先對較無防衛能力的普羅民遮城（今臺南赤嵌樓處）進行攻擊與圍城，5月4日（農曆4月6日），普羅民遮城內的荷蘭守軍投降獻城，隨後鄭軍轉向圍攻位於大員的熱蘭遮城（今安平古堡），由於熱蘭遮城有較

多的防衛武力，致使鄭成功必須採用長期圍城的戰術，直到永曆15年農曆12月21日（1662年2月9日），荷蘭人投降獻城。

　　鄭成功攻下臺灣，以赤嵌稱為「東都明京」，設承天府及天興縣、萬年縣，並以大員的熱蘭遮城做為王城，開始派兵開墾、統治臺灣。永曆16年農曆5月8日（1662年6月23日），來臺僅1年多的鄭成功，不幸病逝，年僅39歲，而臺灣人為感念鄭成功對明朝的忠貞與開臺之功勳，尊其為「開臺聖王」或「開臺延平郡王」並塑像立廟奉祀。而據《安平開臺天后宮誌》載：「至於合祀在臺南市安平開臺天后宮的開山國姓公神像，係為先民追慕鄭王之遺德塑像崇祀，以貽後世者。查臺灣鄭王之神像當推此尊為最早。」，[19] 此開臺延平郡王神像初祀於王城（熱蘭遮城）內，入清後改祀於安平天妃宮內，日治時期天妃宮被拆，先寄祀於港仔尾社靈濟殿中，後移祀安平觀音亭，直至開臺天后宮重建再迎回開臺天后宮內。

　　由於鄭成功病逝於安平王城內（今安平古堡），再加上安平開臺天后宮內的開臺延平郡王原祀於王城之內，歷史悠久，故安平開臺天后宮除了是全臺知名的媽祖的進香宮廟外，更是臺灣「開臺聖王」熱門的進香聖地。

19　林勇，《安平開臺天后宮誌》，頁4。

三、石將軍

安平開臺天后宮設有一將軍殿，殿中所恭奉的是兩尊石雕像，稱之為「二位石將軍」或「石將軍公」、「石將軍媽（夫人）」。連雅堂在《雅言》一書中所載：

安平舊天后宮之後，有兩石像，所謂石將軍者也。余曾考其石質、觀其刻工，一為荷蘭教堂之物，而一則鄭延平墓前之翁仲也。安平天后宮為荷蘭教堂之址，歸清以來改建廟宇，此像則在其間。其石為泉州石，雕一平埔番人半身像，長約二尺八寸。以布纏額又覆其肩；兩手在胸，合握劍柄。觀其眼睛與華人不同，而刻畫手勢亦與華人有異，乃知其為荷人之物也。延平郡王初葬台灣，舊志雖不載明其地，顧以大勢而論，當在小北門外之洲仔尾。地與安平相近，一水可通，此像則見於此。百餘年前，乃移於安平提標館前以鎮水害；其後復移於此。像為澎湖石，現已折斷，僅存上部自頂至胸，約長三尺二寸，為古武士裝，與南京孝陵、北京長陵之石像形狀相同，但體制略小，當為王墳之物。臺灣三百年間，唯賜姓封王，故有此禮。立其前者應有二石，而一不見，疑為海沙埋沒。蓋自歸葬以後，無人管理，久而荒廢。然則此兩像，均為稀世之寶；不特可為

↗ 圖02-02-10　開臺天后宮將軍殿石將軍公。
➔ 圖02-02-11　開臺天后宮將軍殿石將軍夫人。

考古資料，亦足以見當時之美術也。[20]

　　連雅堂認為「石將軍公」為鄭成功墓前翁仲其中之一，後因鄭成功墓遷回大陸，石像於「百餘年前，乃移於安平提標館前以鎮水害」，而「石將軍媽」為安平荷蘭教堂之物。關於以二位石將軍來鎮水害之說，民間亦流傳，當時臺南府城兌悅門與石製街道，形如飛箭上弓蓄勢待發（今臺南市信義街與文賢路口），箭頭所指方向越過臺江可經由安平渡口貫穿整個安平出海而去，風水上大不利於安平，故以此二尊石像於渡口處或提標館前來制煞之用。

　　二位石將軍之後被立祠奉於舊時安平媽祖廟後方，當安平媽祖廟改為學校後，兩尊石像被遺置校園內，學校學生偶有考試前去向石將軍求拜者，如此日久漸成習俗，一代傳一代變成了安平特有的文昌信仰。安平開臺天后宮今址重建之初，將兩位石將軍

→ 圖 02-02-12　石門國小內，石將軍鎮駐遺址。

20　連雅堂，《雅言》（臺北：實學社，2002），頁95-96。

移至廟右前方建祠奉祀，民國83年（1994）災後重修，特將廟之右廂設為「將軍殿」，將二位石將軍移入廟中奉祀。近代廟方在「將軍殿」內，曾祀「文昌帝君」，並提供「文昌燈」，讓欲參與各種考試之信徒點燈，以祈金榜題名。

➔ 圖02-02-13　將軍殿祀二位石將軍與文昌帝君。

● 第三節　主要祭典

安平開臺天后宮祀神眾多，主要神明聖誕日為：

農曆1月6日四海龍王聖誕

農曆2月3日文昌帝君聖誕

農曆3月23日天上聖母聖誕

農曆5月12日石將軍夫人聖誕

農曆7月14日開臺延平郡王聖誕

農曆7月19日值年太歲星君聖誕

農曆8月14日石將軍公聖誕

農曆9月9日天上聖母飛升紀念日

農曆9月9日斗姥元君聖誕

農曆10月10日水仙尊王聖誕

在眾多的神明聖誕日中，天上聖母聖、開臺延平郡王、水仙尊王、四海龍王、兩位石將軍等聖誕之日，廟方會延請道士設醮祝壽一天，為信眾祈安。

除了神明聖誕的祭典外，每年春節廟方也會舉辦開廟門、插頭香、發紅包、點燈、過七星平安橋，元宵節亦有猜燈謎、乞壽龜等民俗活動，廟裡廟外充滿了過年喜慶的氣氛。當然每逢寅、午、戌年，4年舉行一次的「安平迎媽祖上香山」祭典，

→ 圖 02-03-01　做十六歲成年禮，是近代安平人成長的回憶。

更是萬眾矚目；而已舉辦20餘年，每年農曆7月7日的「安平做十六歲」成年禮，始終保持著數百人以上的報名規模，已然成為近代安平人成長的回憶。

第三章

安平迎媽祖上香山的歷史與祭典特色

春晚羅衫適體輕，買舟廿日渡安平

旌旗簇擁天妃過，茶果香花夾道迎

這是清光緒年間，安平縣進士許南英為當時安平迎媽祖盛況所寫下的詩句。安平開臺天后宮為臺灣府志記載最早的媽祖廟之一，原位處繁華熱鬧的安平渡口，但清領時期留下的相關的記載卻不多。後因日軍入臺之時，於廟內屠殺抗日清軍，致使香火冷落，廟宇被官方占用，廟中神像被迫分祀於安平其他廟宇之中，這也讓許多相關文物與記錄因此流失。昔日關於安平迎媽祖的盛況，只能從些許的文獻記錄，與耆老們口耳相傳的片面記憶中來得知。

第一節　清領時期的安平迎媽祖

安平迎媽祖起於何時已不可考，但在清末之時應已有相當規模，《安平縣雜記》在「風俗現況」章節中，對當時的盛況有這樣的記載：

> 三月二十日，安平迎媽祖。是日，媽祖到鹿耳門廟進香，回時莊民多備八管鼓樂詩意故事迎入繞境，喧鬧一天。是夜，禳醮踏火，演戲鬧熱，以祈海道平安之意。一年一次，郡民往觀者幾萬。男婦老少或乘舟、或坐車、或騎馬、或坐轎、或步行，樂遊不絕也。[1]

從文中可知，當時的安平迎媽祖是一年舉行一次的盛會，從臺南市區來觀看熱鬧者有上萬人之多，當時還有「禳醮踏火」等儀式，十分熱鬧。而文中所言「媽祖到鹿耳門廟進香」一事，鄭振滿在〈安平的廟宇與儀式傳統〉一文中認為：「由於鹿耳門是安平水師的主要駐防地，鹿耳門天后宮與安平水師衙門的關係尤為密切。因此，在安平迎媽祖的儀式活動中，到鹿耳門

1　不著撰人，《安平縣雜記》（南投：臺灣省文獻委員會，1993），頁14。

→ 圖03-01-01　安平迎媽祖在清末之時已有相當規模。

天后宮進香也是順理成章的事。」[2]但實際上兩廟歷來從未有深
交互動。如以《安平縣雜記》的風俗現況時間點來論，鹿耳門
廟早毀於同治10年（1871年）的大水中，《安平縣雜記》約在
日治初期（光緒年間）成書，當時鹿耳門廟早已不存，又何來
前往進香之說？

　　除了《安平縣雜記》的記載外，大正14年（1915）4月17
日的《日日新報》，也有一篇關於安平迎媽祖的報導：「安平距
臺南市一邦里。……例年至陰曆三月二十日，必迎媽祖一次。

2　鄭振滿，〈安平的廟宇與儀式傳統〉，《古城、新都、神仙府：臺南府城歷史特展》
　　專刊，（臺南：臺灣歷史博物館，2011）。

早聞用帆船數十艘，載神輿與信徒往鹿耳門進香，名曰『四草湖進香』。午後一回，即迎媽祖出為繞境遊街。」。

《安平縣雜記》與這篇《日日新報》的報導，之所以會有往鹿耳門進香這樣的記載，是因當初安平迎媽祖時，舉行遙祭湄洲祖廟的地點「香山」就設在北汕尾，所以才造成這樣誤解。而會把「香山」設在北汕尾，再從安平乘船迎請媽祖往北汕尾舉行祭典的原由，應是當時安平與北汕尾之間是臺灣港（大港、四草湖），信眾期望借由媽祖與眾神的巡遊，來祈求船隻出入平安，這就是《安平縣雜記》文中所言的「以祈海道平安之意」。

安平已故耆老林小雨（1932-2019），在其〈安平開臺天后宮迎媽祖記〉筆記中，有著許多他所聽聞老一輩的說法，可供我們參考了解日治之前安平迎媽祖的情況：

在光緒二十年（1894年）甲午年之前，若天后宮迎媽祖繞境，正月十五日上元節以後，天后宮就發請帖請安平六角頭社（一）海頭社（二）港仔尾社（三）囝仔宮社（四）王城西社（五）灰磘尾社（六）十二宮社。各角頭主事及各廟之當事人，到天后宮廟內開議各種遊行之事項。先六角頭抽號碼各自由參加。再選拔繞境神轎開路先鋒，及掌旗之先鋒官。若要參加先鋒

「官」、「轎」一定先到天后宮內登記，先鋒官選拔由六角頭主
事天后宮董事合選出一人，若先鋒轎之選天后宮有一套選法，
先各神轎登記以後有一日在天后宮廟庭做一個固定寬度，參加
諸神轎及人跳過一定寬度障礙就是先鋒轎。傳說當時弘濟宮溫
王爺跳過就成為迎媽祖之先鋒轎。

　　傳說迎媽祖準備事項，三月一日聖母回湄洲祖廟祭拜聖父

→ 圖 03-01-02　媽祖海巡有著祈求海道平安之意。（林園媽祖海巡往安平會香）

母及祖先宗祠會神友，在安平天后宮就清掃廟內，聖母神尊整
修及繞境頭旗涼傘、神轎等等遊行所用物品。到三月十五日過
就請城隍廟八班（七爺、八爺）查夜三晚。「夜巡」在查夜期間
八班就在天后宮廟內安位，十八日起城隍爺就在天后宮內安座
等護聖駕，到二十日早各參加廟、宮、會、陣頭在天后宮報到
後按抽號碼往香山出發。

　　因當時陸路不可能到香山（海岸邊）各神轎陣頭、頭旗、涼傘就到港邊（今鹽水溪邊）坐小船出海到香山休息，等聖母神轎駕到就在布蓬下安座，等掌旗官到、香旗用青竹竿在聖母壇前海邊直立，在香旗與聖母壇間掘一個香坑，因聖母壇上香爐一律不可插香，眾善男信女所上香一律插在香坑。香爐按規律政府官爺及各廟、宮、會主事可插香（註：香旗竿取青竹帶葉用之）。在一切就備完成，主辦宮廟按步上香插燭恭請聖母回駕。就壇桌前唸咒頌經文拜請聖母回駕繞境，眾信士就地休息等政府官爺及各宮、廟、會、主事上香，請問聖母有無回駕，擲筊若聖母有回駕筊就有三正反、當有三正反筊主事者就宣布聖母回駕鳴炮、眾信士就到壇前上香拜拜，眾參典者就地用午餐休息，等三炮起駕繞境眾神轎陣頭依照原來坐小舟回港邊登陸，照號碼順序向各角頭社內宮廟會遊行全部，結束聖駕入廟安座大吉闔臺平安。[3]

3　〈安平開臺天后宮迎媽祖記〉，安平已故耆老林小雨（1932－2019）筆記（未出版），寫於民國88年（1999）5月。所有文字依原文擷錄，為保留書寫時的語境，除明顯訛字，文句不通暢不作改動。安平《臺南市安平囝仔宮社伍德宮廟志》（1999年，9月）書中的〈安平開臺天后宮迎媽祖記〉一文，是依林小雨筆記整理潤飾後之文章，將戰後的「香山」地點（燈塔西邊海岸線）誤認為日治之前的「香山」地點。

← 圖 03-01-05　步兵旗用青竹竿在壇前海邊直立。

→ 圖 03-01-06　香窟做為祭典插香、燒金紙之用。

　　這段文字詳細描述了清末「上香山」祭典的過程，這些儀式除了搭船往北汕尾外，其它在現今的「上香山」祭典儀式中，均大致保留。最值得注意的是「三月一日聖母回湄洲祖廟祭拜聖父母及祖先宗祠會神友」這段文字，說明當時有安平人認為，農曆 3 月 1 日媽祖會自行回湄洲祖廟。3 月 20 日「上香山」祭典，則是眾人與各廟神轎往海邊遙祭湄洲祖廟，並迎請媽祖回鑾。因此在安平迎媽祖上香山祭典中，掌旗官所持之「步兵旗」（香旗、頭旗），上面才會寫著「開臺天上聖母湄洲進香回鑾繞境全臺平安」。

林勇（林鶴亭，1904–1992）於〈台南安平地方特有里諺〉一文也提到其採訪所得的清代安平迎媽祖之情況：「安平迎媽祖之賽會，在清代時必先祭江（台江）淨船。三月二十日早上地方官、兵勇、民、社團等，齊集於今之金龍殿（西土地廟）前，奉香虔送媽祖渡江至北汕尾（此地俗稱香山，又名香窟），設祭壇插頭旗（按：旗名稱布兵旗），而後行送迎之餞接典禮。法師於壇前誦唸《天上聖母起爐經》至禮成。而壇前所樹頭旗標示『開台天上聖母湄洲進香回鑾繞境全台平安』等字樣。是日中午在香山野餐，俗稱『打中午』。午恭候聖駕回鑾時刻，而請笅始得啟行。如笅准即燒金放炮復乘原船回鑾抵安平繞境。如此每年一次迎媽祖賽會，一直熱鬧至聖誕後數日，尚繼續不息云。」。[4]

　　無論是從林小雨或是林鶴亭的文章中，皆可知清時安平迎媽祖的「香山」是設於北汕尾，參與祭典的神轎參與人員都是坐船前往北汕尾，並於北汕尾海邊舉行遙祭湄洲祖廟儀式，整個香山祭典儀式與鹿耳門廟並無關係。《安平縣雜記》與《日日新報》的內容，之所以會誤認安平媽祖是前往鹿耳廟進香，

4　林鶴亭，〈台南安平地方特有里諺〉，《台灣風物》15：05（台北：台灣風物雜誌社，1965/12），頁16。

純是只知安平媽祖坐船往北汕尾進香的臆測，對於「香山」祭典情況並無所知，故也沒記載。

● 第二節　戰後安平迎媽祖上香山的復辦

安平迎媽祖上香山祭典，在戰後民國36年（1947）即恢復舉行，當時安平的媽祖神像仍然分別寄祀於各廟，此次的迎媽祖復辦，祭典日期依古例定在農曆3月20日，而祭典地點「香山」則改設於安平海邊。

民國三十四年（1945）年二次大戰日本戰敗，臺灣歸中華。到民國三十五年（1946年）本地社民想五十年無迎媽祖，次年三十六年（1947年）各角頭宮、廟就準備三月十六日請城隍廟八班查夜三晚，二十日各宮廟神轎、陣頭就到香山（今之燈塔西邊海岸線）等迎接聖母回駕繞境，巡安平各角頭社內宮廟、巷道繞境遊行，完成各神轎、陣頭回各宮廟聖駕入廟安座大吉合臺平安。此次聖母繞境遊行距前次繞境五十年之長，算是迎平安繞境遊行，此次掌旗官海頭社選出，開路先鋒神轎是海頭

社文朱殿李府天王聖駕。[5]

　　民國37年（1948），海頭社廣濟宮於上元節後，邀請六角頭社廟宇執事商議，並再度舉迎媽祖活動。依據林小雨筆記，這次活動於農曆3月14日海頭社廣濟宮人員依四媽、三媽、二媽順序，往寄祀廟宇十二宮社三靈殿、囝仔宮社妙壽宮、港仔尾社靈濟殿，恭請聖母到廣濟宮會合。農曆3月16日，請城隍廟八班查夜3晚；農曆3月20日晨，各參加陣頭、神轎到廣濟宮參香，迎接聖駕出廟往香山祭祖，然後回安平繞境。

　　民國38年（1949），安平迎媽祖祭典改由港仔尾社靈濟殿主辦，之後因戒嚴關係，迎媽祖活動再度中斷，直至民國50年（1961）才又恢復舉行一次。此次繞境由囝仔宮社舉辦：

　　在民國五十年，安平眾社民想前次迎媽祖至今十二年無迎媽祖，當時李銅先生及各角頭長老開議，想到台南市政府向當時市長申請，由李銅先生帶安平長老去市政府，向辛文炳市長細說安平十二年無迎媽祖社民很不安靜，請市長准安平迎媽祖，後市長同意於五十年（1961）三月二十日迎媽祖。三月

5　〈安平開臺天后宮迎媽祖記〉，安平已故耆老林小雨（1932-2019）筆記（未出版）。

➜ 圖 03-02-01　八班夜巡綏靖地方。

➜ 圖 03-02-02　2010 年林小雨擔任掌旗官。

→ 圖 03-02-03　乩童跳過焚燒金紙的「香窟」展現神威。
↘ 圖 03-02-04　神轎繞「香窟」三圈。

十四日請聖母，由主辦廟妙壽宮主辦（清制橋頭制）廟，妙壽宮就到寄座媽祖之廟恭請聖母到妙壽宮會合，以順序三靈殿、靈濟殿、廣濟宮。三月十六日請城隍廟八班查夜三晚，二十日早各參加神轎、陣頭，到妙壽宮參香恭請聖駕出廟往香山向湄州祭祖。入壇唸咒頌經文，然後主辦廟主事長老向聖母請筊有無回駕，若回駕就三正反筊，主事者宣佈鳴炮眾善男信女就到壇前上香參拜，香坑燒金紙，就地用午餐休息等鳴三炮回駕。小法林小雨起駕跳香坑，神轎善男信女繞香坑三圈後，照號碼回安平社內繞境。遊行完成後聖母入妙壽宮內安座大吉合臺平安、功德圓滿。掌旗官，開路先鋒轎由主辦廟定之。

　　掌旗官「郭全」、先鋒神轎弘濟宮溫王爺。參讚妙壽宮有臺南來的崇福宮、南沙宮、保西宮、建安宮、元和宮、保安堂。城隍廟之費用由主辦廟負責。各廟費用各自負責，三月二十三日寅時入壇唸咒誦經文拜聖母壽誕上香鳴炮燒金紙。二十四日下午宴王，二十六日恭送聖母回各宮廟安座大吉合臺平安、功德圓滿。[6]

6　〈安平開臺天后宮迎媽祖記〉，安平已故耆老林小雨（1932-2019）筆記（未出版）。

此段文章是林小雨在〈安平開臺天后宮迎媽祖記〉中，對於在臺灣宣佈戒嚴後，於民國50年（1961）恢復舉辦安平迎媽祖的記載。當時是由囝仔宮妙壽宮主辦，文中提到了「小法林小雨起駕跳香坑」，「跳香坑」這是安平迎媽祖上香山祭典的一項特色，文中所說「小法」一詞，在安平民間信仰中指的是「乩童」，文中之意是指當時擔任囝仔宮社伍德宮小法（乩童）的林小雨，在神明降駕於身時，有跳過「香坑」之舉，「香坑」又稱「香窟」，是祭壇前所挖，直徑約4尺多，深度約尺半的圓形沙坑，做為祭典插香燒金紙之用。小法（乩童）在海邊迎媽祖回祭壇時，有的會特別跳過焚燒金紙的「香窟」，以展現神威。由於在沙灘上來跳「香窟」有些危險性，並不是每一位小法（乩童）都會進行跳「香窟」的。

● 第三節　開臺天后宮重建後的安平迎媽祖

　　安平媽祖廟原址，於日治時期就被官方占用，後來成為石門國小，經過地方頭人多年的努力，終於在民國50年（1961），臺南市政府經正式行政程序，以歸還為名義，特撥今廟址之土地，展開今址上的媽祖廟興建。民國55年（1966）安平開臺天

后宮慶成入火安座，所有原本寄祀於各廟之神尊，[7]皆迎回安平開臺天后宮安座，該年雖無舉行湄洲進香迎媽祖的活動，但有舉行慶成入火安座的迎媽祖活動；民國65年（1976），則配合舉行五朝建醮，再度舉行祈福繞境。

自民國73年（1984）起，由於臺灣經濟起飛，社會亦較為安定、開放，安平開臺天后宮舉行「迎媽祖上香山」祭典逐漸頻繁，慢慢形成寅、午、戌年，4年舉行一次「迎媽祖」的規律。

安平迎媽祖上香山祭典，自古原是安平傳統六角頭社大事，戰後由寄祀媽祖的廟宇輪流來舉辦迎媽祖活動。安平開臺天后宮重建之後，原寄祀於各廟的媽祖迎回安平開臺天后宮奉祀，此後迎媽祖由安平開臺天后宮主辦，但媽祖神轎的轎班仍由原寄祀媽祖的廟宇負責。後來安平開臺天后宮管委會決議，原三尊軟身媽祖因歷史悠久，將不再乘轎出巡，改新塑一尊出巡媽祖擔任。故民國107年（2018）的安平迎媽祖上香山祭典，由原本4頂媽祖神轎，改為只剩1頂，並由安平開臺天后宮負責轎班招募。

7　原安平天妃宮的觀音佛祖神像，因重建之開臺天后宮並無「觀音殿」（佛祖殿），故至今仍然寄祀於海頭社廣濟宮內。

表 |　安平開臺天后宮現址重建後舉行的繞境活動

民國 55 年 （1966）	慶成入火安座迎媽祖繞境／農曆 3 月 22 日
民國 65 年 （1976）	五朝建醮送天師暨開臺天上聖母湄洲進香回鑾繞境（安平迎媽祖上香山） ／農曆 3 月 19 日
民國 70 年 （1981）	慶祝建國 70 年，開臺聖母湄洲進香回鑾繞境（安平迎媽祖上香山）／農曆 3 月 20 日
民國 73 年 （1984）	慶祝蔣經國連任第七屆總統，開臺天上聖母湄洲進香回鑾繞境（安平迎媽 祖上香山）／農曆 3 月 20 日
民國 77 年 （1988）	開臺天上聖母湄洲進香回鑾繞境（安平迎媽祖上香山）／農曆 3 月 16 日
民國 81 年 （1992）	開臺天后宮重建入火安座繞境／農曆 11 月 23 日
民國 84 年 （1995）	五朝建醮恭送天師回鑾繞境／國曆 1 月 2 日農曆 12 月 2 日
民國 87 年 （1998）	開臺天上聖母湄洲進香回鑾繞境（迎媽祖上香山安平）／農曆 3 月 20 日
民國 91 年 （2002）	開臺天上聖母湄洲進香回鑾繞境（安平迎媽祖上香山）／農曆 3 月 19 日
民國 99 年 （2010）	開臺天上聖母湄洲進香回鑾繞境（安平迎媽祖上香山）／農曆 3 月 18-19 日
民國 103 年 （2014）	開臺天上聖母湄洲進香回鑾繞境（安平迎媽祖上香山）／農曆 3 月 20-21 日
民國 107 年 （2018）	開臺天上聖母湄洲進香回鑾繞境（安平迎媽祖上香山）／農曆 3 月 13-14 日
民國 111 年 （2022）	開臺天上聖母湄洲進香回鑾繞境（安平迎媽祖上香山）／農曆 3 月 9-10 日

※ 民國 95 年（2006），原 4 年一度的上香山安平迎媽祖祭典，因故停辦一次。

➔ 圖03-03-01 安平迎媽祖上香山逢寅、午、戌年舉行。

➔ 圖03-03-02 臺南市政府設香案恭迎安平媽聖駕。

民國111年（2022），第12屆管委會，尊重地方各角頭社意見，於迎媽祖時依照舊俗，恢復三尊軟身媽祖與四媽出巡繞境，轎班招募依然由原寄祀媽祖的廟宇負責。為了使往後安平迎媽祖的負責神轎責任能夠傳承，負責三媽的王城西社西龍殿，也於民國111年（2022）特別成立「安平王城西社西龍殿三媽會」，負責起安平迎媽祖時的「三媽」所有事項。

　　安平迎媽祖繞境境域，原是以安平舊聚落6個角頭社為主，後因民國68年（1979）安平商港開港，三鯤鯓（漁光里）從南

→ 圖03-03-03　2022年安平王城西社三媽會成立。（三媽會提供）

區劃歸為安平區,三鯤鯓亦成為安平第七個角頭社,繞境區域也多了三鯤鯓(漁光里)地區。後來隨著安平五期重劃區的開發,繞境區域逐漸往五期重劃區擴展,這也使原本只有一天的繞境行程,於民國99年(2010),改變成為2天的繞境行程,直至今日。

◉ 第四節　安平迎媽祖上香山祭典特色

　　目前上香山安平迎媽祖祭典活動,主要為2天,大都選在媽祖聖誕前的假日來舉行,但實際上在祭典前3天,整個活動相關儀式,就在安平鎮城隍廟的「八班夜巡」中展開,而整個祭典主要有「八班夜巡」、「恭請媽祖登轎」、「上香山祭典」、「轎上神童」、「百百旗」、「行館駐駕」、「繞境隊伍」、「回鑾安座」等8個文化特色。

一、八班夜巡

　　「八班」原是指衙門的班頭衙役,民間尊稱「八班老爺」。民間信仰認為城隍廟中的七爺、八爺為城隍廟裡班頭衙役的統領,安平鎮城隍廟城隍爺,為守護安平地方的司法神,有變理陰陽之職,依古例,媽祖出巡前會先派出七爺、八爺,領著無

形的「八班老爺」往開臺天后宮駐守，並於媽祖出巡前3日傍晚展開連續3天的夜巡，稱之為「八班夜巡」。

八班夜巡的第1天傍晚，城隍廟的七爺、八爺會先從安平開臺天后宮出發前往「香山」巡視，並依照迎媽祖繞境路線展開夜巡，綏靖地方。夜巡約於晚上9點多結束，七爺、八爺返回開臺天后宮駐守。隔日傍晚，先前往「香山」巡視一番後，

再續接前日夜巡的最後地點，繼續依繞境路線展開夜巡，以此方式用3晚巡視完迎媽祖所經之道路。這3天的夜巡中，香山與行館可說是每日必經之地。八班夜巡一方面是要綏靖地方，另一方面是為了在媽祖出巡繞境前，做繞境路線的巡視與最後確認，一旦發現繞境經過道路有任何狀況，可做即時的處置，以免影響迎媽祖繞境的進行。

二、恭請媽祖登轎

恭請媽祖登轎儀式大都在繞境前擇日舉行，由臺南市市府官員擔任主祭，並依開臺延平郡王、四媽、三媽、二媽、大媽順序，迎請神尊登轎。

因安平開臺天后宮的大媽、二媽、三媽，是約與人身等高的軟身媽祖，故除開臺延平郡王與四媽神轎，為一般常見之固定式神轎，可直接迎請神尊上轎外，大媽、二媽、三媽的神轎，則為罕見之組合神轎。由於大媽、二媽、三媽高度皆為4尺多，平常所坐之椅就是轎椅，神轎組裝的過程中會先於轎椅上穿過轎棍，然後再將神轎後板、兩側轎板、轎前門板依順序組合，最後裝上轎頂完成神轎組裝。

安平開臺天后宮的3頂軟身媽祖神轎，有70餘年歷史。大媽神轎為民國36年（1947），戰後復辦迎媽祖時，由海頭社人

2	4
3	5

何皆來捐造，因當時大媽寄祀於海頭社廣濟宮，故轎上額匾可見廣濟宮廟名的痕跡；二媽神轎為民國38年（1949），港仔尾社人何國明、何國豐、何國溪捐造，轎上額匾可能是天后宮重建後新作，沒發現有靈濟殿廟名的痕跡，樣式與大媽、三媽神轎的轎額匾不同；三媽神轎也是民國38年（1949）造，由林媽壽捐造，當時三媽寄祀於囝仔宮社妙壽宮中，故轎上額匾中留有妙壽宮廟名的痕跡。民國111年（2022）的安平迎媽祖，因3頂媽祖神轎歷年久遠而有所損傷，於是進行整修。原組合神轎的榫孔損毀嚴重，只能改以螺絲固定並重新作一轎底，神轎的組合方式不得不有所改變。

安平媽祖雖於天后宮重建後，迎回同祀，但在媽祖神轎的組裝工作上，仍依傳統，由當初各媽祖寄祀的廟宇派人負責組裝。大媽神轎的組裝，由海頭社廣濟宮負責；二媽神轎的組裝，由港仔尾社靈濟殿負責；三媽神轎的組裝，由王城西社西龍殿負責；四媽神轎的組裝，由十二宮社三靈殿負責。

三、上香山祭典

故老說法，昔日於北汕尾舉行祭典時，從安平遠眺祭典處，焚香燒紙香煙繚繞，故稱祭典處為「香山」。現今舉行祭典的所在地「香山」，皆設於三鯤鯓海邊沙灘上。舉行祭典前數日，

媽祖廟就會派人前往整地，並搭設面朝湄洲方向的棚架，作為祭典設壇之用。壇前約10幾公尺處會挖出寬約4尺多，深度約尺半的圓形沙坑，此即所謂「香窟」，供祭典時燒金紙與插香之用。祭典前除了香山地點的佈置外，民國111年（2022）的迎媽祖，也特別請媽祖擇選吉日吉時，於廟中舉行簡單隆重的「豎旗儀式」，將步兵旗於廟中豎起，以示安平迎媽祖即將展開。

安平迎媽祖的第一日清晨，「法爺團」於天后宮內進行落壇清壇儀式。[8]吉時一到，由3位起炮官燃放3發起馬炮，安平鎮城隍爺、開臺延平郡王、四媽、三媽、二媽、大媽等神轎，在「法爺團」法司頭行開鞭儀式後，依序起駕出廟門前往「香山」。其他參與繞境的宮廟神轎、陣頭，則由自己的廟宇出發前往「香山」集結，迎接媽祖湄洲進香回鑾。

當開臺天后宮隊伍抵達香山後，四頂媽祖神轎迎入祭典棚架內駐駕，由4位德高望重之女性將4尊媽祖神像冠上的「金鳳釵」取下，待媽祖湄洲進香回駕之後再為媽祖安上。此儀式的由來，是安平人認為媽祖受褒封之時，皇帝必賜媽祖「金鳳釵」，此釵既是皇帝御賜，實不宜佩帶回鄉拜見聖父母，故特

---

8 「法爺」安平人對小法團法師的尊稱。

➔ 圖 03-04-06　舉行祭典前數日，於香山處挖香窟。

➔ 圖 03-04-07　法爺團開鞭恭請媽祖出門。

於媽祖往湄洲進香前先行取下，回駕後再為 4 尊媽祖安上。[9]

　　媽祖神像取下「金鳳釵」後，掌旗官將大書「開臺天上聖母湄洲進香回鑾繞境全臺平安」字樣之步兵旗交由天后宮主委插於壇前海邊，並由主委引領貴賓、信眾於「香窟」前，面朝湄洲嶼方向焚香燒金遙祭祖廟，恭送媽祖回鄉往湄洲祖廟、賢良港祖祠進香謁祖。祭壇內則由「法爺團」開始唸咒、諷經進行科儀，參與迎媽祖活動的所有神轎，則停於棚架前方，等待迎接媽祖的回駕。

　　當「法爺團」唸咒、諷經科儀完畢，各宮廟神明陸續降駕於乩童身上，往海邊步兵旗處跪迎媽祖湄洲進香回駕。同時，天后宮主任委員亦於壇前以擲筊杯方式，來確認媽祖是否已回駕。待確認媽祖已回駕，天后宮主任委員會將步兵旗拔起交給「掌旗官」[10]，並在娘傘引領下迎回祭壇，象徵媽祖回駕。部份乩童在迎媽祖回祭壇時，會特別跳過焚燒金紙的「香窟」，以展現神威。

　　安平媽祖湄洲進香回駕，於祭壇內完成「金鳳釵」儀式後，

9　由於媽祖頭戴后冠，故插金鳳釵儀式是將金鳳釵插於后冠上。

10　「掌旗官」由三代同存、福德聲望崇高之老者擔任，所掌之步兵旗，是安平迎媽祖繞境隊伍之頭旗；布兵旗於香山海邊的插跟拔，以往都是由廟方人員、掌旗官、乩童等，沒特定人員進行，2022年廟方為儀式莊嚴，規定步兵旗於香山海邊，皆由主任委員來進行插跟拔。

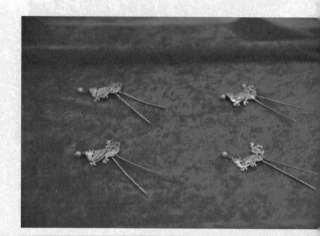

| 8 | 10 |
| 9 | 11 |

→ 圖 03-04-08　金鳳釵
→ 圖 03-04-09　於「香窟」前遙祭祖廟，恭送媽祖回鄉謁祖。
→ 圖 03-04-10　掌旗官迎步兵旗回祭壇，象徵媽祖回駕。
→ 圖 03-04-11　乩童跳香窟展神威。

第三章　安平迎媽祖上香山的歷史與祭典特色

→ 圖 03-04-12　媽祖轎上男童妝扮成千、順將軍。
↘ 圖 03-04-13　媽祖轎上女童妝扮成宮娥仙女。

香山祭典圓滿完成，此時會由3位起炮官，燃放3發起馬炮，所有神轎在掌旗官持步兵旗引領下，依事先安排好的神轎順序，一一繞「香窟」3圈後展開繞境。

四、轎上神童

在臺灣的迎神廟會中，常常可見由兒童妝扮成歷史人物或傳說神話中的仙人角色，坐於蜈蚣陣、藝閣花車上參與繞境。傳統安平迎媽祖的媽祖神轎上，則可見前方有兩童男，妝扮成千里眼與順風耳二將，後方則有兩童女妝扮成宮娥仙女，乘坐媽祖神轎伴駕出巡，這是其它地方所無，實為安平迎媽祖的獨有特色。這樣極具地方特色的文化，在消失20餘年後，轎上神童於民國111年（2022）傳統舊俗復興的氛圍下，再度出現在安平迎媽祖的媽祖神轎上，成為萬眾矚目的焦點。

五、百百旗

安平俗語有云：「安平迎媽祖百百旗」，這是形容清時安平迎媽祖時，各地信官、信士、香客、廟宇、館頭、社團等皆踴躍參與，並以自己的旗幟領頭，各式各樣的旗幟羅列長陣遊行十分壯觀。後來這俗語又衍生新意，指安平迎媽祖陣頭多采多姿，什麼奇特陣頭都有的「安平迎媽祖百百奇」說法。清末與

→ 圖03-04-14　安平迎媽祖百百旗。

日治時期，臺南市區府城迎媽祖活動，各商號也以自家商號旗幟參與迎媽祖，而成另一種形式的「百百旗」。雖然開臺天后宮近年來有辦過幾場所謂「百百旗」的活動，但實為單純競賽，並不是隨媽祖繞境的旗幟。民國111年（2022）安平迎媽祖，也本著傳統舊俗復興概念，廣邀安平形象商圈商家合作，於繞境隊伍中再現另一種文化特色的「安平迎媽祖百百旗」。

六、行館駐駕

　　早期安平迎媽祖繞境只有1天，繞境境域以安平舊聚落6

個角頭社為主，後來加入三鯤鯓社與五期重劃區。從民國99年（2010）起，繞境天數增為2天，於是有了「行館駐駕」儀式產生。[11]

民國99年（2010）開始的安平迎媽祖繞境，第1天「香山祭典」結束後，開始繞境三鯤鯓社與五期重劃區的3個角頭社，[12]當晚設「行館」於五期重劃區，第2天才由「行館」起駕繞行安平舊聚落6個角頭社。

繞境第1晚，各廟神轎依序進入各廟行館駐駕，當媽祖神轎入行館安座後，所有工作人員與男眾退出行館，並放下行館簾幕，由開臺天后宮女委員與女信眾，於行館內為媽祖進行簡單而隆重的「洗塵彩妝」儀式。之後升起簾幕，恭請媽祖與眾神上座，由開臺天后宮主任委員率全體委員與信眾，於行館前舉行行館安座祀宴三獻大典。

七、繞境隊伍

安平迎媽祖繞境隊伍順序，主要分成4部份：

---

11 民國99年、民國103年、民國107年行館皆設於安億停車場，民國111年行館設於林默娘公園停車場。

12 民國101年（2012），五期重劃區內認同安平祭祀信仰圈的民間信仰廟宇，規劃成億載社、興和宮社、華平社等3個角頭社，從此安平的民間信仰境域，進入了「十角頭社」的時代。

➜ 圖 03-04-15　行館前敬演梨園大戲人神同歡。

第1部份： 由路關牌、天后宮宮燈（托燈）、步兵旗前導車、安平開臺天后宮頭旗、安平鎮城隍廟神轎、開臺天后宮延平郡王神轎所組成。由於安平鎮城隍廟城隍爺為地方父母官，而安平媽祖又為鄭成功自湄洲祖廟迎奉而來，故安平迎媽祖隊伍，前兩頂轎子一律固定是安平鎮城隍廟城隍爺，與開臺天后宮開臺延平郡王（鄭成功）神轎。[13]

第2部份： 由遠道而來參與繞境，非安平境域內的宮廟神轎組成。這樣的安排，是為了讓遠道的友廟，能夠較早完成繞境，踏上歸途。

第3部份： 主要是安平十角頭社的廟宇，其順序是依傳統，以「角頭社」為單位，事先抽籤決定順序，此傳統展現安平人對角頭社的重視。

第4部份： 是安平開臺天后宮的媽祖神轎群。其基本順序為：千里順風二神將、掃路、滿路香、轎前鑼、四媽神轎、掃路、滿路香、轎前鑼、三媽神轎、

---

13 開臺天后宮延平郡王神轎，還有先回到天后宮後，代表媽祖向完成繞境的神明，進行辭轎的任務。

掃路、滿路香、轎前鑼、二媽神轎、儀仗隊、
滿路香、掃路、大媽神轎、轎前鑼、開臺天上
聖母帥旗（後帆旗）、法爺團。[14]

八、回鑾安座

　　歷經 2 日繞境，迎媽祖的路關頭，約在第 2 日的傍晚回到
開臺天后宮，各廟神轎、陣頭依序進行拜廟表演。此刻的天后
宮廟埕，只能以人山人海來形容。

　　雖然繞境隊伍從傍晚就開始進行俗稱的「入廟」拜廟表演，
但由於神轎與陣頭眾多，往往媽祖神轎入廟安座都已過晚上 12
點。自民國 99 年（2010）起，廟方特別於大媽神轎入廟安座前，
在廟埕廣場上舉行「鑽轎腳」儀式。雖此時已是深夜，仍吸引
眾多信眾參與。

　　媽祖神轎在「法爺團」進行「下馬」儀式與眾人的跪迎下
依序入廟。工作人員隨即進行神轎拆解，並依大媽、二媽、三
媽、四媽、開臺延平郡王順序，迎入神龕安座。主任委員率委
員會、信徒，焚香祭拜後，整個迎媽祖祭典即告圓滿完成。

14　此為民國 111 年（2022）迎媽祖的順序。

→ 圖03-04-19　媽祖回鑾，信眾熱情參與鑽轎腳。

→ 圖 03-04-20 法爺跪迎媽祖回鑾。

第四章

安平開臺天后宮首次的福建謁祖參香

安平迎媽祖的正式全名是「安平開臺天后宮開臺天上聖母湄洲進香回鑾繞境」。事實上，安平媽祖是否於清朝時曾往湄洲進香，因無文獻記載與故老傳說，實不可考。長久以來，安平人的記憶都是前往海邊香山祭典處恭送媽祖往湄洲謁祖，並舉行回鑾祈安繞境。自從開放海峽兩岸交流以來，宗教交流頻繁，安平開臺天后宮也開始有往湄洲祖廟進香交流的想法，後因SARS爆發流行，計劃因此暫時擱置。民國105年（2016），安平開臺天后宮管委會往湄洲祖廟進香交流的想法再現，並獲安平媽祖允准，於是展開福建湄洲祖廟進香之行。

第一節　登轎與啟程

民國 105 年（2016）6 月 23 日，安平開臺天后宮以「四媽」出轎，展開廟史首次福建謁祖參香之行。此次行程共 5 天 4 夜，參與隨香人員 219 人，分別以臺、金、廈小三通與臺北往平潭坐船直航方式前往福建。隊伍在福建莆田會合後，前往賢良港天后祖祠、湄洲媽祖祖廟、泉州天后宮、莆田文峰天后宮等廟宇，進行參香與宗教文化交流，所到之處受到各大廟宇熱情歡迎。

此次安平媽祖是以出轎乘船方式前往福建，故特擇於 6 月 20 日下午 3 點進行奉請媽祖登轎儀式。儀式由當時的主任委員張省吾率管委會委員、代表等，虔誠焚香上稟玉皇大帝、天上聖母所有眾神此行目的，並祈求眾神護佑，讓此行能夠旅途平安，諸事順利圓滿。隨後，主任委員張省吾與常務委員盧友禮一同奉請天上聖母「四媽」登轎。雖然此次廟內「開臺延平郡王」並沒有要一同前往福建，但其有恭送媽祖出門與迎接媽祖回鑾之職，故在「四媽」登轎後，亦由主任委員張省吾與常務委員盧友禮一同奉請「延平郡王」登轎。

本次活動預定在 6 月 23 日早上 9 點從安平開臺天后宮出發，至臺中港搭乘「海峽號」前往福建平潭，6 月 26 日再由福

➜ 圖04-01-01　恭請四媽上轎。

建平潭搭「海峽號」返回臺中港。但在出發前幾日,「海峽號」
忽然進廠維修,行程受到影響,只好臨時改搭「麗娜輪」於臺
北港往返。為了配合船班時間,整個行程不得不延長1天,改
於6月27日返臺。

　　6月23日凌晨2點,安平囝仔宮社妙壽宮的法爺團(小法
團)來到天后宮媽祖案前進行落壇請神儀式。在悠揚神聖的法
仔咒聲中,以坐船直航方式參加此次謁祖參香的工作人員與隨
香人員也陸續提著行李前來天后宮報到。

→ 圖 04-01-02　媽祖神轎登上「麗娜輪」。

表2　2016年安平開臺天后宮往福建謁祖參香行程表

日期	行程	備註
6月23日	安平開臺天后宮→臺北港→福建平潭→莆田賢良港天后祖祠	搭機人員以小三通方式往莆田會合
6月24日	莆田賢良港天后祖祠→湄洲媽祖祖廟→泉州天后宮	
6月25日	上午泉州旅遊→下午莆田文峰天后宮	搭機人員晚上回泉州住宿
6月26日	惠安崇武古城與莆田南山廣化寺旅遊	搭機人員以小三通方式返臺
6月27日	莆田文峰天后宮→福建平潭→臺北港→安平開臺天后宮	

→ 圖 04-01-03　四媽與信眾所迎請伴駕同去進香的媽祖。

　　當所有人員報到完畢,「法司頭」先為延平郡王神轎開鞭,恭請延平郡王出廟門後,再為天上聖母神轎開鞭,恭請天上聖母出廟門。原本規劃延平郡王要送天上聖母至安平路與安北路雙叉路口,但因船班時間地點改變,提早於凌晨出發,為避免擾人清夢,點燃三門起馬炮後,延平郡王改只送天上聖母至廟前牌樓,媽祖神轎與隨行人員隨即登車,出發前往新北市八里的臺北港。

　　早上7點多到達臺北港,人員陸續完成通關登上「麗娜輪」。頭旗、涼傘、千里眼、順風耳、媽祖神轎等,也在完成通關手續後,由轎班人員抬上「麗娜輪」貨倉,再將四媽神像迎請至客倉船頭處與香客所迎奉一同前往的媽祖神像共同安座。

　　此次從臺北港直航福洲平潭所搭的是「麗娜輪」,航程約3個多小時。除了與媽祖一同搭船直航的人員外,其餘搭機以小三通前往的香客,也從早上7點起,陸續到安平開臺天后宮報到。由於參加人數眾多,需再依車號分別搭車往臺南與高雄機場搭機。

第二節 賢良港天后祖祠與湄洲媽祖祖廟謁祖參香

6月23日傍晚4點多，直航與小三通方式的所有人員會合後，來到了莆田賢良港天后祖祠。天后祖祠董事長林自弟早已親率鑼鼓隊於村外等候迎接，引領安平開臺天后宮媽祖神轎與隨香人員先往天后祖祠旁的天后聖殿[1]行禮，再進入天后祖祠由主任委員張省吾與常務委員盧友禮一同奉請媽祖神像進入正殿安座。

賢良港天后祖祠位於莆田市港里村，是此行所拜訪的第一間宮廟。賢良港古稱「黃螺港」，隔湄洲灣與湄洲島相望，傳為媽祖林默之出生地。除天后祖祠外，此地尚存有「媽祖故居」與「媽祖受符井」等媽祖相關之古跡。廟中有現存乾隆51年（1786）「重建天后祠記」碑刻，碑文記載當時重建天后祖祠時，媽祖裔孫林霈時任臺灣府鳳山縣教諭，即與安平鎮副總戎陳宗溥共同募資重建，可見賢良港天后祖祠與安平的淵源深厚。而文革期間天后祖祠大部份被毀，幸媽祖神像得以被村民保存，今祖祠為1984年於原基重建竣工。1991年福建省人民政府所

1 　天后聖殿位於賢良港天后祖祠右側，2015年興建落成。

➔ 圖 04-02-01　安平媽祖駐駕賢良港天后祖祠。
➔ 圖 04-02-02　乾隆 51 年重建天后祠記碑刻。
➔ 圖 04-02-03　分靈至賢良港天后祖的安平媽祖。

→ 圖 04-02-04　湄洲媽祖祖廟。
↘ 圖 04-02-05　安平媽祖駐駕湄洲媽祖祖廟。

立「福建省第三批省級文物保護單位賢良港天后祖祠」碑記
中，亦載乾隆 51 年（1786）安平鎮官民協助重建之事，「天后
祖祠創建於宋代，清乾隆年間臺灣安平鎮官民募資重修」，故
此行安平開臺天后宮，特別恭請一尊安平媽祖，分靈至賢良港
天后祖祠奉祀，以加深兩地之情誼。

　　當安平媽祖神像於賢良港天后祖祠正殿安座後，安平開臺
天后宮主委即率所有人員先至後殿向聖父母參香禮拜後，再至
正殿向媽祖行三獻之禮，並由張省吾主委與天后祖祠林自弟董
事長互贈禮品以做紀念，最後由開臺天后宮誦經團宣誦《天上
聖母經》與文疏，完成賢良港天后祖祠謁祖參香儀式。當晚，
媽祖神像駐駕於天后祖祠，所有人員往莆田市區住宿。

　　6 月 24 日一早，安平開臺天后宮上聖母，於賢良港天后祖
祠起駕，往湄洲媽祖祖廟出發，天后祖祠董事長林自弟率鑼鼓
隊於隊伍後送駕。此時莆田文峰天后宮的執事儀仗隊亦前來加
入安平開臺天后宮隊伍，聲威更是壯大。

　　湄洲島是媽祖信仰的發源地，在湄洲島上有著 10 多間媽祖
廟，其中位於媽祖「昇天古跡－昇天洞」所在的媽祖廟，據說
是宋雍熙 4 年（987）媽祖林默因救海難而逝，人們為感其德而
建廟奉祀，是世界上首座媽祖廟，故有「湄洲媽祖祖廟」之美
譽。

安平故老相傳，安平媽祖為鄭成功來臺時由湄洲媽祖祖廟迎奉而來，現今每逢寅、午、戌年，安平開臺天后宮皆會至海邊遙祭湄洲媽祖祖廟，並舉行盛大的迎媽祖活動，這次首次前來湄洲媽祖祖廟謁祖參香，更有著重要的歷史意義。湄洲媽祖祖廟廟方亦十分重視此次雙方的交流，除由林金贊副董事長攜祖廟董監事前來湄洲輪渡頭迎接外，亦派出戰鼓隊來迎接安平開臺媽祖。

安平媽祖神轎在媽祖祖廟戰鼓隊引領，浩浩蕩蕩、熱熱鬧鬧地拾級而上，來到祖廟天后宮正殿前，再由主任委員張省吾率員焚香恭請媽祖下轎進入祖廟安座，並由祖廟「通讚」[2]於正殿內主持三獻禮。安平開臺天后宮張省吾主委擔任主祭，儀式禮成後，兩廟亦互贈禮品以做紀念，最後由開臺天后宮誦經團宣誦《天上聖母經》與文疏，完成湄洲媽祖祖廟謁祖參香儀式。

第三節　泉州天后宮與莆田文峰天后宮的繞境參香

6月24日中午在湄洲島用餐完畢，安平開臺天后宮一行坐

2　「通讚」，主持祭典司儀。

船離開了湄洲島，經莆田上高速公路，往泉州天后宮出發，傍晚時於泉州市江濱北路與堤後路口下車。泉州天后宮廟方也派出頭旗、娘傘、鑼鼓、哨角陣容前來迎接，並引領安平開臺媽祖沿堤後路、義泉街、中山南路、天后路進行繞境巡安，陣容盛大熱鬧，隊伍所經之處無不引人注目。

　　泉州天后宮始建於宋慶元2年（1196），是中國歷史悠久的媽祖廟之一，因泉州有「溫陵」之稱，故又有「溫陵聖廟」之美譽，在臺灣對於分靈自泉州的媽祖則有著「溫陵媽」之稱。泉州是中國古代海上絲路的起點，泉州媽祖的信仰文化也隨著

→ 圖04-03-01　泉州天后宮引領安平媽祖於泉州繞境。

➜ 圖 04-03-02　安平媽祖神轎抵達泉州天后宮參香。

海上貿易與移民傳播至東南亞與臺灣，也讓泉州天后宮成為福建媽祖信仰文化重要的傳播地。

安平開臺媽祖在泉州進行一小段路的繞境巡安後，進入泉州天后宮駐駕安座，並舉行三獻禮。儀式禮成泉州天后宮董事長許曉暉與安平開臺天后宮主委張省吾，代表兩廟互贈禮品以做紀念，這一夜安平開臺媽祖駐駕於泉州天后宮。

6月25日上午，參與此次活動的人員進行了泉州旅遊，參訪開元寺與閩臺緣博物館。中午用餐完畢，再前往泉州天后宮，恭請安平開臺媽祖起駕往莆田文峰天后宮出發。

莆田文峰天后宮俗稱「莆田文峰宮」，位於莆田市區文獻東路上。6月25日傍晚，安平開臺天后宮一行於文獻東路與北大街路口附近下車。莆田文峰天后宮除董事長陳鷺玲親自於路口歡迎外，廟方更以旗隊、腰鼓隊、扇舞隊、鑼鼓隊、儀仗隊、媽祖神轎等，200餘人的隊伍前來迎接安平開臺媽祖的到來，這兩宮人員合起來近450人的陣仗，也使得文獻東路須暫時封路來進行繞境。繞境隊伍鑼鼓喧天，場面盛大，出現在熱鬧的市區街道上，立即吸引許多民眾的駐足觀看與拍照。繞境結束後，安平開臺天后宮媽祖駐駕於文峰天后宮新殿內。

莆田文峰天后宮之建廟史須從「白湖順濟廟」談起。白湖順濟廟於南宋紹興25年（1159），媽祖因顯聖於莆田除瘟而受

→ 圖 04-03-03　安平開臺媽祖於莆田市區街道繞境。

封「崇福夫人」，當時陳俊卿即捐地建廟奉祀，也因陳俊卿於朝任官，使得白湖順濟廟受到重視。紹興27年（1161）朝廷下詔欽定，地方官吏除每月朔、望須至廟進香朝拜外，並舉行春秋二祭。白湖順濟廟成為地方官員祭祀之官廟，香火十分鼎盛，故在當時陳宓所撰〈白湖順濟廟重建寢殿上樑文〉中，有「今仰白湖香火，幾半天下」之句。元至正14年（1354），興化官員為圖進香參拜方便，便將媽祖神像遷往城內，建廟文峰宮奉祀。[3]

3　中華媽祖文化交流協會等編，《莆田媽祖宮廟大全》（福州：海風出版社，2012），頁403。

→ 圖 04-03-04　莆田白湖順濟廟正殿。

近代兩岸宗教交流以來，往湄洲祖廟進香的臺灣宮廟，大部份都會在莆田市區過夜，並將媽祖駐駕於莆田文峰天后宮內，這也使得近代的媽祖信仰文化中，莆田文峰天后宮也扮演著重要地位。莆田文峰天后宮現存舊廟建築為三代祠與梳妝樓，梳妝樓上奉祀有一尊距今800多年的南宋媽祖木雕神像，是莆田文峰宮最重要之文物。

安平開臺媽祖此次駐駕的地方，是舊廟馬路對面，於2011年擴建完成的新殿。在文峰天后宮廟方安排下，開臺媽祖並不下轎，而是整座神轎駐駕於新殿內，並由文峰宮天后宮廟方安排進行三獻禮儀式，文峰天后宮董事長陳鷺玲擔任主祭。儀式後文峰天后宮董事長陳鷺玲與安平天后宮張省吾主委，互贈禮品以做紀念。

在文峰天后宮完成參香儀式後，以小三通方式前來隨香之人員，照原定行程返回泉州過夜，並於6月26日依小三通方式返臺。其他乘船直航人員，則因船班時間多留了一天，前往惠安崇武古城與莆田南山廣化寺進行旅遊參訪。6月27日一早，安平開臺媽祖，在文峰天后宮200多人的送駕隊伍恭送下，起駕前往福洲平潭搭乘「麗娜輪」返回臺灣。

→ 圖 04-03-05　文峰宮 800 多年的南宋媽祖神像。

● 第四節　回鑾安座

　　6月27日上午9點30分，安平開臺天后宮一行離開莆田到平潭乘船回臺北港，再搭車回安平時已是晚上11點30分了，但安平十角頭中，仍有7個角頭社的境主廟有出神轎前來接駕。

　　安平開臺媽祖於平豐路與育平七街口下車後，由安平開臺天后宮開臺延平郡王神轎前來接駕。引領媽祖神轎於煙火、鑼鼓聲中，進入位於安億橋停車場內的迎駕行臺，並由囝仔宮社妙壽宮的法爺團於神案前接駕，而7個角頭社的接駕神轎也陸續前來行臺向媽祖參禮。

　　在行臺接駕儀式後，鳴放三門禮炮，所有神轎依安平開臺天后宮延平郡王、港仔尾社靈濟殿、海頭社廣濟宮、王城西社西龍殿、億載社杭州殿、囝子宮社妙壽宮、上鯤鯓社興和宮、華平社金龍宮、安平開臺天后宮開臺媽祖之序，由行臺出發經慶平路、承天橋、平生路、安平路來到安平開臺天后宮。

　　當所有神轎依序向天后宮參禮後，並沒立即離去，而是分列於廟前兩旁，等後媽祖回鑾入廟，然後再向媽祖參禮後才離去。開臺媽祖於6月28日凌晨1點20分，在西龍殿、金龍宮兩廟神明降乩伴駕，與眾多信徒誠心跪拜下，回到安平開臺天后宮內，由主任委員張省吾、常務委員盧友禮、吳高明月一同，

→ 圖04-04-01 「謁祖參香」與「參香」兩種形式香條。

奉請媽祖下轎回到神房安座。為感謝各廟前來迎駕恭送媽祖回
鑾，開臺延平郡王也代表了天后宮，於牌樓前一一向所有神轎
辭駕，感謝各廟人員之辛苦。

此次安平開臺天后宮往福建謁祖參香，廟方將參訪的四間
廟宇定位為「謁祖參香」與「參香」兩種形式。與安平天后宮
較有淵緣的賢良港天后祖祠、湄洲媽祖祖廟，為「謁祖參香」
形式，而泉州天后宮、莆田文峰天后宮則為交流拜訪的「參香」
形式，這從香條的書寫便可分辨。[4]而在儀式上，在賢良港天后
祖祠與湄洲媽祖祖廟，開臺天后宮也都特別安排了誦經團進行
宣誦《天上聖母經》與文疏，增添了謁祖儀式的隆重性，往莆
田文峰天后宮與泉州天后宮，安平天后宮並無安排宣誦《天上
聖母經》與文疏，但文峰天后宮的三獻儀式上，文峰天后宮廟
方則有安排宣讀文疏的程序。

4　此次4張香條所書寫之文字分別為「安平開臺天后宮天上聖母往賢良港媽祖祖祠
　　謁祖參香大吉」、「安平開臺天后宮天上聖母往湄州島媽祖祖廟謁祖參香大吉」、
　　「安平開臺天后宮天上聖母在泉州天后宮參香大吉」、「安平開臺天后宮天上聖母
　　往莆田文峰宮參香大吉」。

第四章　安平開臺天后宮首次的福建謁祖參香

聖母之恩波　茫茫火宅以奔馳　往往受塵寰而染著

知身是幻　淌雪未遑　故逢參香之期　恭就

賢良港天后祖祠　天上聖母　座前

肅整祠儀　虔誠供養　寶爐香篆　銀燭光輝

仗開臺天后宮誦經生

宣禮三教慈悲之妙典　今則開宣　天上聖母寶經全卷

祈保安康　尚冀

聞

國泰民安　風調雨順　五穀豐登

萬民樂業　行船商賈　水陸平安

海上漁人　舟帆平淨　合境信眾

賜詳降福　凡所祈求　悉如所願

全叨巨庇　恭疏以

聞

天運歲次丙申年五月十九日具疏上奉

時逢參香祈保安康植福文疏

伏以

聖降都率天宮　險神通而變化

母儀湄洲島嶼　駕救世之慈航　今據

中華民國臺灣臺南市安平區國勝路三十三號

安平開臺天后宮管理委員會

主任委員　張省吾率眾委員　代表　信徒　及廟務職員工

暨合境眾善信人等　虔誠百拜於

誦經團團長　神鄭淑垣率全體誦經生

賢良港天后祖祠　天上聖母　祠內奉祀

一切神祇諸尊菩薩　座前　叩為

參香祈保安康植福事　謹修疏意

言念眾等　叨居塵世　忝俱人倫荷

聖母之恩波　茫茫火宅以奔馳　往往受塵寰而染著

知身是幻　溯雪未遑　故逢參香之期　恭就

湄洲媽祖祖廟　天上聖母　座前

肅整祠儀虔誠供養　寶爐香篆　銀燭光輝

仗開臺天后宮誦經生

宣禮三教慈悲之妙典　今則開宣　天上聖母寶經全卷

祈保安康　尚冀

　國泰民安　風調雨順　五穀豐登

　萬民樂業　行船商賈　水陸平安

　海上漁人　舟帆平淨　合境信眾

　賜詳降福　凡所祈求　悉如所願

　全叨巨庇　恭疏以

聞

天運歲次丙申年五月二十日具疏上奉

時逢參香祈保安康植福文疏

伏以

聖降都率天宮　險神通而變化

母儀湄洲島嶼　駕救世之慈航　今據

中華民國臺灣臺南市安平區國勝路三十三號

安平開臺天后宮管理委員會

主任委員張省吾率眾委員　代表　信徒　及廟務職員工

誦經團團長　神鄭淑垣率全體誦經生

暨合境眾善信人等　虔誠百拜於

湄洲媽祖祖廟　天上聖母　廟內奉祀

一切神祇諸尊菩薩　座前　叩為

參香祈保安康植福事　謹修疏意

言念眾等　叨居塵世　悉俱人倫荷

臺灣臺南安平天后宮　三獻禮儀式祈告文

告虔具少牢　文峰永馨香　謹修三獻禮　伏祈神尚饗

莆田神家鄉　庇佑乃其常　年年春復秋　祭報不敢忘

造福全世界　和平女神專　九土富與裕　三通聯臺員

臺灣臺南安平天后宮

文　峰　天　后　宮

文峰天后宮三獻禮儀式祈告文

維

公元二〇一六年六月二十五日，丙申年五月二十一日，今有主祭人文峰天后宮董事長陳鷺玲、陪祭人臺灣臺南安平天后宮主委張省吾、榮譽主委陳德榮偕常務監事楊昆勝、常務委員吳高明月、盧有禮、李宏彬及信眾，虔修祖錢，敬備樂舞，禮行三獻，謹以馨香酌少牢之奠祭于駕前，祈告天后之神，文曰：

護國庇民妙靈昭應 弘仁普濟福佑群生 誠感咸孚顯神贊順 垂慈篤佑安瀾利運

澤覃海宇恬波宣惠 導流衍慶靖洋錫祉 恩周德溥衛漕保泰 振武綏疆嘉佑敷仁 無極天上聖母之靈曰

華廈炎黃義 億萬子孫賢 邰州唐中烈 七世女孫焉

順濟人間世 通靈聖跡傳 神昭大海表 風雨司其權

第五章

2018年安平迎媽祖
上香山祭典的變化

5

　　民國105年（2016）安平開臺天后宮的福建謁祖參香之行，是安平媽祖來臺350餘年來首次前往福建謁祖參香。這場具有歷史殊勝的宗教文化交流活動，一路上不但受到參訪廟宇的熱情歡迎，也吸引了許多媒體的關注。於是安平開臺天后宮更接著於民國106年（2017）與民國107年（2018）連續舉辦福建謁祖參香，完成連三年圓科的謁祖之行，這也使得民國107年（2018）的「安平迎媽祖上香山」祭典為配合福建謁祖參香之行，產生了改變。

第一節　第二次與第三次的福建謁祖參香之行略記

　　民國 106 年（2017）4 月 25 日凌晨 2 點，安平開臺天后宮四媽再度展開福建謁祖參香之行，此次行程與第一次相同也是共 5 天 4 夜。謁祖參香廟宇除了同第一次的莆田賢良港天后祖祠、湄洲媽祖祖廟、莆田文峰天后宮、泉州天后宮外，為了配合 4 月 29 日從福州平潭港搭早班船回臺的時間，特於 4 月 28 日下午往平潭港碼頭旁的「玉封三衛寺」，進行參香駐駕。

← 圖 05-01-02　三衍寺迎接安平媽祖聖駕。
↙ 圖 05-01-03　兩廟人員於三衍寺前合照。

　　平潭「玉封三衍寺」，為於平潭玉漏堂村，始建於明朝洪武元年（1368），原稱「將軍宮」，清同治13年（1875）年重建時更名為「三衍寺」。今廟貌為西元2000年興建，廟中祀神有紫天大帝（官世英）、楊將軍（楊延嗣）、薛帝爺（薛唐奇）、唐將軍（唐天龍）、葛將軍（葛朝均）、李將軍（李文龍）、天后聖母（林默）、仁子大王（李自天）、托塔李天王……等諸神，其中天后聖母原祀於臺灣新竹天后宮，清雍正元年（1722）年漂流至此，被迎起入廟同祀。[1]

　　4月28日下午，安平開臺天后宮一行來到「玉封三衍寺」前，「玉封三衍寺」出動三頂神轎與鑼鼓陣前來迎接安平媽祖聖駕。安平媽祖入寺後駐駕安座於龍邊天后聖母神龕前，隨後安平開臺天后宮主委張省吾率所有人員一同，向「玉封三衍寺」眾神行禮參香並向安平媽祖行駐駕禮，接著「玉封三衍寺」廟方人員亦至安平媽祖案前參香，恭迎安平媽祖前來駐駕。

　　4月29日一早，安平開臺天后宮所有人員在主委張省吾率領下，向「玉封三衍寺」眾神參香行辭駕禮。隨後即恭請安平媽祖上轎，前往平潭港碼頭通關搭船返回臺灣。下午4點多，安平媽祖回到安平，由安平開臺天后宮開臺延平郡王神轎於平

1　〈擴建玉封三 寺碑記〉，2006年。

→ 圖 05-01-04　安平開臺媽祖回鑾禮生迎駕。

豐路與育平七街口處接駕，接著進入安億橋停車場內的迎駕行館，囝仔宮社妙壽宮的法爺團進行接駕儀式。隨後，安平各角頭社廟宇，依海頭社廣濟宮、灰磘尾社弘濟宮、港仔尾社靈濟殿、億載社杭州殿、上鯤鯓社興和宮、王城西社西龍殿、囝仔宮社妙壽宮、華平社金龍宮順序，前來行館向媽祖行迎駕參拜禮，並依此順序在開臺延平郡王神轎引領下，由行館出發經慶平路、承天橋、安平路來到安平開臺天后宮，恭請開臺媽祖回宮安座，完成安平開臺天后宮第二次的福建謁祖參香之行。

第三次的福建謁祖參香之行，是在民國107年（2018）4月18日凌晨2點展開，行程還是5天4夜。謁祖參香廟宇與第二次的福建謁祖參香相同，依序是莆田賢良港天后祖祠、湄洲媽祖祖廟、莆田文峰天后宮、泉州天后宮、平潭玉封三衍寺，所不同的是，此次前往謁祖參香媽祖，不是前兩次的四媽，而是新雕塑的媽祖。

戰後的安平迎媽祖活動中，大媽、二媽、三媽、四媽分別是由海頭社廣濟宮、港仔尾社

→ 圖 05-01-05　新塑出巡媽祖
開光點眼。

靈濟殿、王城西社西龍殿、十二宮社三靈殿來負責。後來安平開臺天后宮管委會決議，原三尊軟身媽祖因歷史悠久，將不再乘轎出巡。原本由四媽來擔任出巡媽祖，但四媽以往都是由十二宮社三靈殿來負責，為公平起見，故新塑出巡媽祖與千里眼、順風耳神像，並於民國106年（2017）12月20日，由妙壽宮法爺團進行開光儀式，隔日由道士啟建開光奉安寶座清醮一天。

第三次的福建謁祖參香之行，除了出轎媽祖不同外，回鑾儀式也因配合戊戌年（2018）「安平迎媽祖上香山祭典」也有所不同。4月22日傍晚，安平媽祖回到安平，依例由安平開臺天后宮開臺延平郡王神轎，於平豐路與育平七街口處接駕，並迎請媽祖前往安億橋停車場處所搭建的行館駐駕，此次的駐駕行館是比照以往「安平迎媽祖上香山祭典」行館所搭設。媽祖神轎進入行館後，隨即被迎請下轎，於行館內進行安座，並不像前兩次福建謁祖參香歸來，只是短暫停轎於行臺內，等各迎駕神轎參拜後後，就起駕回安平開臺天后宮安座，這次安平媽祖將在行館內駐駕到4月27日，隔日再由此起駕前往香山舉行上香山祭典。

當安平媽祖行館駐駕完成，安平十角頭內迎駕廟宇神轎陸續前來參拜，並各迎請一尊神像進入行館內伴駕安座。安平觀

→ 圖05-01-06　法爺團恭迎媽祖回鑾行館駐駕。

音亭觀音佛祖，雖無出轎迎駕與參與安平迎媽祖活動，但因其在安平有崇高地位，故亦被迎請至行館內伴駕，這是難得幾乎所有安平廟宇神像齊聚一堂的場面。自4月22日起，安平媽祖與眾神駐駕於安億橋停車場行館後，駐駕期間包括安平觀音亭、港仔尾社萬通宮、囝仔宮社妙壽宮、安平開臺天后宮誦經團、古堡攤販自治會、尚興鋼鐵公司等廟宇與團體，每晚輪流於行館前來設宴進行「祀宴大典」，吸引了眾多的信徒前來看熱鬧、參拜媽祖。

→ 圖05-01-07　媽祖與各廟神尊駐駕行館內。

第二節　2018年安平迎媽祖上香山祭典

　　民國107年（2018）安平開臺天后宮安平迎媽祖上香山祭典，是在4月28日與4月29日舉行。祭典舉行前3日，依舊例安平鎮城隍廟七爺、八爺（謝、范將軍），會前往安平開臺天后宮報到並展開3天的「八班夜巡」。這一年因安平媽祖往福建謁祖參香回臺後即駐駕於安億橋停車場的行館，故今年祭典的前3日，七爺、八爺是往行館報到的，3天的八班夜巡則是以行館做為起訖點，先往安平開臺天后宮參禮後，往海邊香山處巡視，再依迎媽祖繞境路線展開夜巡。以往夜巡每晚結束後，七爺、八爺以往都回開臺天后宮駐駕，這年則都是回到行館來駐駕。原本祭典舉行前一日，安平鎮城隍廟城隍爺須往安平開臺天后宮駐駕，以擔任明早媽祖出門之先鋒，這一年也因安平出巡媽祖駐駕於行館，安平鎮城隍廟城隍爺也改往行館駐駕。

　　4月28日清晨5點半，在囝仔宮社妙壽宮法爺團於行館內進行落壇清壇儀式，法咒聲中所有駐駕行館的神轎，依安平鎮城隍廟城隍爺、開臺延平郡王、開臺媽祖順序，在「法爺團」法司頭行開鞭儀式後，由行館起駕前往三鯤鯓海邊的祭典處「香山」。參與安平迎媽祖上香山祭典的各廟神轎與人員，則依往例自行前往香山集結。

圖 05-02-01　八班夜巡安平老街。

→ 圖 05-02-02　媽祖神轎由行館起駕。

媽祖神轎抵達香山後，掌旗官隨即將步兵旗插於祭壇前的海邊。在香山的祭典並沒太大改變，只是原本4頂媽祖轎今年只剩1頂，儀式仍然和近幾次一樣是由法爺團落壇諷經。法爺團所做科儀結束後，由安平開臺天后宮主委於神壇前來擲筊桮，經得聖桮確認媽祖已回後，掌旗官拔起步兵旗，並在娘傘引領下迎回祭壇，象徵媽祖回駕。許多宮廟的神明也在此時降駕於乩同身上，前往至海邊恭迎媽祖聖駕回鑾，而萬通宮的乩童在由海邊迎駕回祭壇時，特躍過「香坑」展示神威，同時祭壇內則由德高望眾的婦女，為媽祖插上「金鳳釵」。

→ 圖 05-02-03　香山祭典中，法爺團諷誦聖母經。

→ 圖05-02-04　為媽祖插上「金鳳釵」。

　　香山祭典圓滿，媽祖回駕，在三位起炮官臺南市代理市長李孟諺、立法委員黃偉哲、立法委員林俊憲，點燃起馬炮後，所有迎接媽祖的各宮廟神轎，在掌旗官持步兵旗引領下，依事先安排好的神轎順序，繞「香窟」3圈後依繞境路關展開繞境。

　　4月28日的安平迎媽祖第一日繞境，依例還是先繞境三鯤鯓社、興和宮社、華平社、億載社為主。當晚所有繞境神轎皆回到安億橋停車場行館駐駕，並由安平開臺天后宮安排祀宴，這一晚臺南市政府也特別於行館舉行市定民俗授證，由副市長張政源頒發「安平迎媽祖上香山」市定民俗證書，表彰廟方傳承民俗的貢獻，也為此次祭典增添光彩。

　　4月29日一早，所有參與安平迎媽祖的神轎依順序由行館出發，走慶平路過承天橋後，開始依路關路線繞行安平舊聚落六角頭社。下午3點半，掌旗官、路關牌回到了開臺天后宮，所有繞境神轎也依續回到開臺天后宮參香，原本寬闊的廟程瞬間擠滿了看熱鬧的人潮，拜廟的陣頭無不使出絕活，呈現出最好的表演。

　　晚上10點20分，安平開臺媽祖神轎回到了開

臺天后宮廟埕，由妙壽宮法爺團對媽祖神轎行迎駕下馬禮。在廟埕等候媽祖回駕的信眾，開始有序的進行「鑽轎腳」。由於參與信眾眾多，整個鑽轎腳儀式會進行到午夜時分。媽祖神轎入廟後，由開臺天后宮常務委員陳金龍與市議員羅崑福，一同迎請媽祖下轎安座，迎媽祖上香山祭典也正式宣告圓滿結束。

↗ 圖 05-02-05　市定民俗授證。
→ 圖 05-02-06　鑽轎腳的人潮。

➔ 圖 05-02-07 妙壽宮法爺團對媽祖神轎行迎駕下馬禮。

第六章

結論

　　安平迎媽祖自古即為安平之大事，更是名聞遐邇的盛事。
《安平縣雜記》載「郡民往觀者幾萬。男婦老少或乘舟、或坐
車、或騎馬、或坐轎、或步行，樂遊不絕也。」。[1]而安平民間
也留下許多形容當時迎媽祖的諺語，例如「安平迎媽祖，百百
旗有了了」、「安平迎媽祖，百百奇」、「安平迎媽祖，臺南伏地
虎」、「安平迎媽祖，無奇不有」等，[2]足見祭典之盛大。

　　日治時期安平媽祖廟被占用，神像暫寄其他安平廟宇，迎
媽祖祭典也被迫停止無法繼續舉辦，但安平人對媽祖之信仰始
終堅定，未曾消亡。戰後，民國36年（1947）隨即復辦迎媽祖

1　不著撰人，《安平縣雜記》，頁14。
2　林勇，《安平開臺天后宮誌》，頁20。

祭典，可惜連辦3年後又因臺灣戒嚴被迫再度終止，此一終止又停辦了12年之久。民國50年（1961）時又短暫恢復舉辦一次。民國55年（1966）安平開臺天后宮開始於今址重建完成，舊時所有寄祀於外的神像除觀音佛祖外，都迎回宮中奉祀。民國65年（1976）則配合舉行五朝建醮，也舉辦了迎媽祖上香山祭典。民國70年（1981）起，臺灣經濟起飛，社會安定、開放，於是舉行迎媽祖逐漸頻繁，慢慢形成了寅、午、戌年，4年舉行一次的型態。

這個百年的傳統祭典，在時局的動盪中受到種種挑戰，但對於復辦迎媽祖與重建天后宮，安平人從未放棄，經過幾代人的持續努力，才有了現今的成果。當然在時代的進步與生活環境改變中，傳統祭典也難免會有變化，例如舉行香山地點的改變，清時安平迎媽祖會行船至北汕尾舉行香山祭典，戰後香山地點移回到安平海邊，最後因三鯤鯓成為安平轄境，在繞境路線考量下移至三鯤鯓。又安平迎媽祖本是年年農曆3月20日舉行辦，因政局因素形成不定期舉辦，後來變成逢寅、午、戌年4年舉辦一次，日期也因生活型態的改變，改在媽祖聖誕前的假日來舉行。

民國107年（2018）的迎媽祖上香山祭典，出現了歷史性的變化，開臺天后宮管委會決議，在考量保護歷史悠久的3尊

→ 圖 06-01-01 　安平迎媽祖是安平盛事。

鎮殿軟身媽祖金身下，新塑一尊出巡媽祖來出巡繞境。這個決定使得因日治時期「寄祀」神像，形成的由海頭社廣濟宮負責大媽神轎、港仔尾社靈濟殿二媽神轎、王城西社西龍殿負責三媽神轎、十二宮社三靈殿負責四媽神轎的文化消失，此年特殊的迎媽祖情況，讓部份安平人感覺失去了安平迎媽祖該有的味道。

第12屆管委會成立後，廣納地方的意見，決定民國111年（2022）的安平迎媽祖活動，恢復讓3尊軟身媽祖與四媽出巡繞境，並在臺南市文化資產管理處民俗保存維護計畫的建議下，進行了傳統舊俗的復興，使得消失20餘年的媽祖神轎轎上神童得以再現，成為萬眾矚目的焦點。昔日安平迎媽祖中的「百百旗」，也在傳統舊俗復興概念下與安平形象商圈商家合作，將「安平迎媽祖百百旗」再現於繞境隊伍中。

時間與空間的改變，往往會使民俗活動產生不同的變化，安平迎媽祖上香山的民俗當然也是如此，但其整個祭典的核心精神與儀式文化，並無太大改變。如至海邊遙祭湄洲祖廟，迎接媽祖回鑾後展開繞境，保留城隍廟的「八班夜巡」、香山的「香窟」、掌旗官的「布兵旗」、媽祖的「御賜鳳釵」等。這些傳統祭典的文化特色一直

存在著，「轎上神童」與「百百旗」的傳統舊俗復興，更是得到地方的肯定與支持。安平迎媽祖歷久彌新，近年來隨著轄境的擴大，繞境範圍也從原本安平六角頭社變成安平十角頭社，安平全境參與度有增無減，安平迎媽祖實為安平一大宗教盛典。

→ 圖 06-01-02　轎上神童是安平迎媽祖獨有特色。

→ 圖 06-01-03　安平迎媽祖歷久彌新。

參考書目及網站

【專書】

- 金鋐，《康熙福建通志臺灣府》。臺北：行政院文化建設委員會，2004。

- 蔣毓英，《臺灣府志》。臺北：行政院文化建設委員會，2004

- 林勇，《安平開臺天后宮誌》。臺南：安平開臺天后宮管理委員會，2007。

- 相良吉哉，《臺南州祠廟名鑑》。臺灣日日新報社臺南支局，1933。

- 中國第一歷史檔案館等合編，《清代媽祖檔案史料匯編》。北京：中國檔案出版社，2003。

- 徐曉望，《媽祖信仰研究》。福州：海風出版社，2007。

- 連雅堂，《雅言》。臺北：實學社，2002。

- 不著撰人，《安平縣雜記》。南投：臺灣省文獻委員會，1993。

- 中華媽祖文化交流協會等編，《莆田媽祖宮廟大全》。福州：海風出版社，2012。

【期刊】

- 鄭振滿，〈安平的廟宇與儀式傳統〉，《古城、新都、神仙府：臺南府城歷史特展》專刊。臺南：臺灣歷史博物館，2011。

【網站】

- 中國哲學書電子化計劃－天妃顯聖錄：https://ctext.org/wiki.pl?if=gb&chapter=614954

大臺南文化資產叢書 第10輯

安平迎媽祖上香山

作　　者／吳明勳
發 行 人／謝仕淵
策劃主辦／臺南市文化資產管理處
總 策 畫／林喬彬
策　　畫／傅清琪、林佳蕙、許書維
執行編輯／侯雅馨

編印發行／蔚藍文化出版股份有限公司
社　　長／林宜澐
總 編 輯／廖志墭
編　　輯／林韋聿、潘翰德
封面插畫／陳怡揚
封面設計／Chenhsuanan Design 陳璿安
內文排版／藍天圖物宣字社

出　　版／臺南市政府文化局
　　　　　地址：永華市政中心：70801臺南市安平區永華路2段6號13樓
　　　　　民治市政中心：73049臺南市新營區中正路23號
　　　　　電話：06-6324-453
　　　　　網址：https://culture.tainan.gov.tw

　　　　　蔚藍文化出版股份有限公司
　　　　　地址：110臺北市信義區基隆路一段167號5樓之1
　　　　　電話：02-22431897
　　　　　臉書：https://www.facebook.com/AZUREPUBLISH/
　　　　　讀者服務信箱：azurebks@gmail.com

總 經 銷／大和書報圖書股份有限公司
　　　　　地址：24890新北市新莊區五工五路2號
　　　　　電話：02-8990-2588

法律顧問／眾律國際法律事務所　著作權律師／范國華律師
　　　　　電話：02-2759-5585　網站：www.zoomlaw.net

印　　刷／世和印製企業有限公司
定　　價／新台幣360元
初版一刷／2023年10月
I S B N／978-626-7339-12-1
G P N／1011201137

國家圖書館出版品預行編目（CIP）資料

安平迎媽祖上香山／吳明勳作. -- 初版.
-- 臺南市：臺南市政府文化局, 蔚藍文化
出版股份有限公司, 2023.10
168面；14.8×21 公分
ISBN 978-626-7339-12-1（平裝）

1.CST：媽祖　　2.CST：寺廟
3.CST：民間信仰　4.CST：臺南市

272.71　　　　　　　　112014252